DÉMARRER AVEC LA VISION PRO

LE GUIDE INCROYABLEMENT FACILE POUR COMPRENDRE ET UTILISER VISIONOS ET SPACIAL COMPUTING

SCOTT LA COUNTE

ANAHEIM, CALIFORNIE

www.RidiculouslySimpleBooks.com

d'écran) utilisées dans ce livre le sont uniquement à des fins éditoriales et éducatives.

Clause de non-responsabilité : Bien que tous les efforts aient été faits pour garantir l'exactitude des informations, ce livre n'est pas approuvé par Apple, Inc. et doit être considéré comme non officiel.

Table des matières

INTRODUCTION

Explorez le monde révolutionnaire de l'informatique spatiale grâce à la dernière innovation d'Apple, l'Apple Vision Pro.

Ce guide ne se limite pas à la compréhension d'un appareil ; il s'agit d'un pas vers l'avenir de l'informatique spatiale. Pour les personnes qui possèdent un Vision Pro, il leur montrera comment l'utiliser ; pour ceux qui sont simplement curieux de connaître l'appareil, il leur montrera ce dont il est capable et vous aidera à décider s'il est fait pour vous.

Ce guide se penche sur les fonctionnalités, la conception et le potentiel de transformation de cet appareil révolutionnaire. Il explore la façon dont le Vision Pro redéfinit les domaines de la productivité, du divertissement, de la connectivité et de l'informatique spatiale.

Vous apprendrez :

- **Naviguer dans le système d'exploitation** : Découvrez les capacités d'interaction intuitive du Vision Pro, y compris les mouvements des yeux, les gestes de la main et les commandes vocales.

- **Transformation de l'espace de travail :** Découvrez comment cet appareil transcende les limites de l'écran, permettant aux utilisateurs d'intégrer et d'adapter les applications dans leur environnement physique, révolutionnant ainsi la dynamique de l'espace de travail.
- **Une expérience de divertissement de haut niveau :** Découvrez comment le Vision Pro transforme n'importe quelle pièce en salle de cinéma personnelle, offrant une expérience de divertissement inégalée grâce à une technologie visuelle et audio avancée.
- **Capturer et revivre en 3D :** Plongez dans les capacités du premier appareil photo 3D d'Apple, qui permet aux utilisateurs de capturer des photos et des vidéos dans l'espace, ajoutant ainsi une nouvelle dimension à la conservation des souvenirs.
- **Redéfinir la connectivité numérique :** Comprenez comment le Vision Pro améliore les interactions virtuelles, rendant les réunions et les collaborations numériques plus immersives et plus efficaces.
- Et bien plus encore !

L'Apple Vision Pro est un mélange de réalités numériques et physiques qui permet de créer des expériences que l'on croyait impossibles. Grâce à ce livre, les lecteurs comprendront parfaitement les capacités du Vision Pro et le potentiel qu'il offre pour transformer la vie de tous les jours.

Note : Ce guide a été conçu dans le but d'améliorer votre expérience avec Vision Pro. Bien qu'il ne soit pas officiellement approuvé par Apple, Inc. il offre une mine de connaissances et de conseils pour vous aider à tirer le meilleur parti de votre appareil.

[1]

CONNAÎTRE LA VISION PRO

À QUI S'ADRESSE CE TRUC ?

Le Vision Pro est un appareil révolutionnaire. Le mettre pour la première fois est... une expérience inouïe. Je pourrais vanter à l'infini ses qualités d'immersion et de réalisme, mais les mots ne suffisent pas à en saisir l'essence. C'est tout simplement incroyable. Lorsque je l'ai utilisé pour la première fois, je n'avais qu'une idée en tête : dans quelques années, mon enfant pourrait utiliser cette technologie à l'école, ce qui pourrait transformer l'enseignement. Imaginez que vous n'ayez même pas besoin de vous rendre physiquement à l'école : les élèves pourraient interagir avec leurs camarades et les voir comme s'ils étaient à leurs côtés.

Alors, c'est pour tout le monde, n'est-ce pas ? En quelque sorte, mais pas tout à fait. Si vous avez 3 500 dollars à dépenser, pourquoi ne pas l'acheter ? Vous pourriez même en offrir un à votre ami moins fortuné ! Cependant, pour la grande majorité d'entre nous, le Vision Pro reste hors de portée - pour l'instant. Il se profile à l'horizon ; tout comme l'iPhone a révolutionné notre vie quotidienne, le Vision Pro est appelé à faire de même. Il deviendra plus abordable et plus léger. Il est déjà excellent, mais il est toujours possible de l'améliorer.

Pour être clair, le Vision Pro n'est pas un produit bêta. Il s'agit d'un appareil perfectionné qui surpasse tous les autres appareils de ce type. La comparaison avec d'autres casques n'est même pas équitable.

Mais à qui cela s'adresse-t-il ? Les applications sont nombreuses. Les développeurs, par exemple, sont les premiers concernés ; si vous souhaitez être à la pointe d'une technologie qui va remodeler notre travail et nos interactions, le Vision Pro est essentiel. Il est indispensable pour comprendre et créer pour cette nouvelle plateforme. Pour ceux qui voyagent souvent, le Vision Pro change la donne en offrant un vaste espace de bureau virtuel lorsque l'espace physique est limité. Cela vaut également pour les travailleurs à distance qui ne disposent pas d'un espace de travail dédié ; il permet de se concentrer dans des environnements qui ne sont pas idéaux - assurez-vous simplement d'avoir une chaise confortable pour éviter les tensions au niveau du cou, qui peuvent survenir même avec un bon soutien. C'est également l'appareil de divertissement par excellence pour les cinéphiles ;

il promet une expérience supérieure à celle de n'importe quel téléviseur que vous possédez, bien qu'il s'accompagne d'une mise en garde concernant l'isolement : vous ne pouvez pas partager un film sur le canapé avec quelqu'un d'autre à moins qu'il n'ait son propre casque.

Si vous êtes préoccupé par les migraines et le mal des transports, soyez assuré que ces problèmes sont moins liés à l'expérience qu'au poids de l'appareil qui provoque des tensions musculaires. Bien que les expériences individuelles puissent varier, la plupart s'accordent à dire que le mal des transports associé à d'autres casques n'est pas un problème avec le Vision Pour. Il se peut que vous vous sentiez un peu bizarre les premières fois que vous le retirez, mais cela est dû en grande partie au niveau d'immersion - votre cerveau s'adapte à de nouvelles expériences. Il est important d'y aller progressivement. Ne vous précipitez pas dans un mouvement actif ; au lieu de cela, asseyez-vous, détendez-vous et acclimatez-vous à cette nouvelle expérience. Je vous recommande de ne pas dépasser 20 ou 30 minutes à la fois lorsque vous commencez à l'utiliser ; et je sais qu'il sera très tentant de repousser les limites parce que c'est très amusant.

Nous sommes à l'aube d'une révolution technologique, et comme de nouvelles applications sont développées chaque jour, le Vision Pro ne fera que s'améliorer. Si vous n'êtes pas convaincu que le

Vision Pro est fait pour vous, c'est compréhensible, mais pensez à le revoir dans quelques années.

QUE FAIRE SI J'AI UN PROBLÈME MÉDICAL CONDITIONS

Le Vision Pro vous convient, mais qu'en est-il si vous êtes sujet aux migraines, si vous êtes enceinte ou si vous souffrez d'un autre problème de santé ? Ce produit peut ou ne peut pas vous convenir. Pour en être sûr, consultez votre médecin avant de l'utiliser.

Si votre médecin vous donne le feu vert, voici quelques conseils :

- Commencez assis et passez progressivement à des expériences moins immersives.
- Les sessions doivent être courtes et agréables, avec de nombreuses pauses.
- Si vous ressentez une gêne, des vertiges ou une fatigue oculaire, il est temps de faire une pause.

Pour les personnes équipées d'appareils médicaux tels que des stimulateurs cardiaques, des prothèses auditives ou des défibrillateurs, votre nouveau compagnon technologique, le Vision Pro, pourrait être un peu trop magnétique. Il est donc préférable de consulter votre médecin ou le fabricant de l'appareil avant d'utiliser le Vision Pro.

Si tout va bien, rappelez-vous :

- Gardez une distance de sécurité entre votre Vision Pro et tout appareil médical.
- Si vous constatez des interférences avec votre appareil, il est préférable d'arrêter d'utiliser le casque.

Voici quelques signes clairs qui indiquent qu'il faut faire une pause ou consulter un médecin :

- Tout symptôme lié à votre état de santé apparaît.
- Votre médecin vous a donné le feu vert, mais vous vous sentez toujours mal à l'aise, vous avez des vertiges ou des troubles de la vue.
- Vous remarquez une irritation de la peau, un gonflement ou des démangeaisons pendant ou après l'utilisation.

L'utilisation de l'Apple Vision Pro peut être un plaisir, mais votre santé doit évidemment être la priorité absolue. Consultez toujours votre prestataire de soins de santé pour vous assurer une expérience sûre et agréable. Mieux vaut prévenir que guérir.

APPLE VISION PRO AVEC VERRES CORRECTEURS

Et si vous pensez que le Vision Pro est fait pour vous, mais vous êtes comme beaucoup d'autres personnes : vous portez des lunettes. Bonne nouvelle ! Vous ne pouvez pas porter directement vos lunettes avec le Vision Pro (vous pouvez toutefois porter des lentilles de contact), mais il existe une solution : Les inserts optiques Zeiss. Ils sont spécialement conçus pour le Vision Pro et répondent à un large éventail de prescriptions, y compris pour l'astigmatisme. Malheureusement, si vos lunettes ont une valeur de prisme, ces inserts ne sont pas encore une option.

En avez-vous besoin ? Je n'ai besoin de lunettes que pour voir de loin, alors je ne pensais pas dépenser 149 $, mais je suis content de l'avoir fait. C'est juste sur mon visage, alors pourquoi s'en préoccuper ? Parce que la profondeur de l'image peut être très éloignée. J'ai essayé avec et sans et c'est encore mieux avec.

Pour obtenir ces plaquettes, vous aurez besoin d'une ordonnance indiquant votre nom complet, votre date de naissance et les coordonnées de votre ophtalmologiste. N'oubliez pas qu'elle doit couvrir vos besoins en matière de correction de loin et de près et qu'elle ne doit pas être périmée. Un conseil : les ordonnances de lentilles de contact ne font pas l'affaire.

Si vous aimez les verres progressifs ou bifocaux, vous avez de la chance, car ces plaquettes répondent à la plupart de ces besoins. Après avoir envoyé votre ordonnance, vous recevrez une réponse dans la journée concernant la disponibilité de vos lentilles personnalisées. Il m'a fallu moins de 5 heures pour le faire, et même si le délai indiqué était de trois semaines, les lentilles étaient à ma porte au moment du lancement.

Si vos lunettes sont plutôt destinées à lire le dernier best-seller, vous pouvez opter pour les inserts optiques Zeiss - Readers. Ils sont disponibles en différentes puissances pour s'adapter à vos lunettes de lecture. Toutefois, si vous plissez les yeux ou si vous vous sentez mal à l'aise lorsque vous utilisez le Vision Pro, il est peut-être temps de consulter un ophtalmologiste pour obtenir une prescription plus adaptée.

Si vous utilisez des lentilles souples unifocales, vous pouvez vous passer d'inserts supplémentaires. Cependant, les utilisateurs de lentilles dures peuvent rencontrer des difficultés avec le suivi de l'œil. Dans ce cas, envisagez d'utiliser les inserts optiques Zeiss ou une autre méthode de contrôle, comme le contrôle par pointeur.

Que faire si vous avez subi une opération de monovision ou si vous utilisez des lentilles de contact monovision ? Vous devrez passer aux semelles optiques Zeiss sur la base d'une prescription de lunettes.

Vision Pro est une merveille technologique qui utilise votre regard pour naviguer. Mais si vous souffrez de troubles tels que l'affaissement des paupières, le strabisme ou le nystagmus, cette fonction risque de ne pas fonctionner aussi facilement. Mais ne vous inquiétez pas. Les fonctions d'accessibilité du Vision Pro du Vision Pro viennent à la rescousse, vous permettant de naviguer à l'aide de mouvements du poignet, de la tête, de gestes du doigt ou de commandes vocales.

LA BATAILLE DE LA RV

Je suis sûr que lorsque vous avez entendu parler du Vision Pro, l'une des premières choses que vous avez dites a été : "C'est beaucoup d'argent ! C'est plus que presque tous les autres casques de réalité virtuelle". Apple vous répondra : "Il ne s'agit pas d'un casque VR, mais d'un système d'informatique spatiale." Mais cela n'empêche pas la comparaison avec d'autres appareils. Dans cette section, nous examinerons trois casques : le Meta Quest 3 (sans doute le plus populaire), le PSVR 2 (pour les joueurs) et le HoloLens 2 (la réponse de Microsoft à la réalité mixte et l'un des meilleurs casques pour les entreprises), et nous verrons comment ils se comparent au Vision Pro.

META QUEST 3

Lorsqu'il s'agit de RV, tout le monde se tourne généralement vers le Meta Quest. Ce casque fait tourner les têtes depuis plusieurs années, avec chaque génération de l'appareil. Voyons comment les deux se comparent.

Prix et accessibilité

- Meta Quest 3: Au prix de 499 dollars, le Meta Quest 3 se positionne comme une option plus abordable sur le marché de la RV. Cette stratégie de prix suggère une volonté d'attirer une base de consommateurs plus large.

- Vision d'Apple Pro : À 3 499 $, le Vision Pro est un appareil haut de gamme destiné à un marché de niche. Son prix élevé reflète ses fonctionnalités avancées et s'adresse vraisemblablement aux professionnels ou aux passionnés à la recherche de la meilleure expérience VR/AR possible.

Système d'exploitation et écosystème

- Meta Quest OS : Le Quest 3 fonctionne sur le Meta Quest OS, une plateforme issue de l'écosystème Oculus, connue pour sa riche bibliothèque de jeux et d'applications.

- visionOS : la vision d'Apple Pro fonctionne sous visionOS, qui offre une intégration transparente avec les autres produits et services Apple. Ce système d'exploitation Quest n'est pas intuitif, mais Vision OS offre une expérience plus unifiée et potentiellement plus conviviale, en particulier pour les utilisateurs existants d'Apple.

Mécanismes de contrôle

- Meta Quest 3: Utilise des contrôleurs tactiles mis à jour, conservant une forme d'interaction physique familière à de nombreux utilisateurs de VR.

- Vision d'Apple Pro : Offre une expérience sans manette, en s'appuyant sur le suivi des yeux et les gestes de la main. Cette approche avancée offre une expérience utilisateur plus immersive et plus intuitive.

Qualité de l'affichage

- Meta Quest 3: Doté d'un écran LCD d'une résolution de 2064x2208 par œil, il offre une expérience visuelle claire et vive.

- Vision d'Apple Pro : Deux écrans micro-OLED 4k, indispensables pour les applications professionnelles et les jeux haut de gamme.

Puissance de traitement

- Meta Quest 3: Doté du processeur Snapdragon XRGen 2, il garantit des performances fluides dans les applications VR standard.

- Vision d'Apple Pro : Équipé de la puce Apple M2, connue pour son efficacité et sa puissance, ce qui laisse présager de meilleures performances, en particulier dans les applications les plus exigeantes.

Design et confort

- Meta Quest 3: Offre un format Quest rafraîchi, 40% plus léger et plus fin que son prédécesseur, mettant l'accent sur le confort de l'utilisateur lors d'une utilisation prolongée.

- Vision d'Apple Pour : Le Quest est légèrement plus léger, mais les deux sont des appareils lourds auxquels il faut s'habituer. Les bracelets d'Apple semblent toutefois beaucoup plus haut de gamme.

Technologie des capteurs

- Meta Quest 3: Emploie des caméras frontales pour la RA et le suivi, ce qui est suffisant pour des expériences VR générales.

- Vision d'Apple Pro : intègre plus d'une douzaine de caméras pour la RA avancée, le balayage de l'iris, qui offrent toutes une approche plus sophistiquée de l'interaction avec l'utilisateur et de la cartographie de l'environnement.

Expérience audio

- Meta Quest 3: Comprend des haut-parleurs intégrés et une prise jack 3,5 mm, offrant des capacités audio standard.

- Vision d'Apple Pro : Offre un son spatial avancé avec des haut-parleurs haute fidélité, améliorant l'immersion et le réalisme de l'expérience VR/AR.

Ajustement de l'IPD

- Meta Quest 3: Utilise une molette de réglage physique, permettant aux utilisateurs de régler manuellement la distance interpupillaire pour plus de confort et de clarté.

- Vision d'Apple Pro : Les lentilles s'ajustent automatiquement, offrant une expérience plus conviviale et potentiellement une meilleure qualité visuelle pour un plus grand nombre d'utilisateurs.

Capacités de suivi

- Meta Quest 3: Se concentre sur le suivi du contrôleur et de la main, suffisant pour la plupart des applications VR actuelles.

- Vision d'Apple Pro : Cette fonction pourrait révolutionner les interactions avec la réalité virtuelle et ouvrir de nouvelles possibilités dans diverses applications.

Options de stockage

- Meta Quest 3: 128 Go au départ, avec une version de 512 Go selon les rumeurs, ce qui offre suffisamment d'espace pour les jeux et les applications.

- Apple Vision Pro : le Vision Pro est disponible en 256 Go, 512 Go et 1 To.

Caméra transparente Qualité

- Meta Quest 3: Les couleurs sont transparentes, ce qui améliore l'expérience de la réalité augmentée.

- Vision d'Apple Pro : Offre un rendu incroyablement haute résolution, établissant une nouvelle norme en matière de clarté et de réalisme des applications de réalité augmentée. Le rendu de Meta Quest est granuleux dans les situations de faible luminosité ; il est suffisant pour savoir où l'on se trouve dans une pièce, mais pas du tout comme la HD de Vision Pro.

Batterie Durée de vie et portabilité

- Meta Quest 3: Offre une autonomie de 2 à 2,5 heures, ce qui est typique des casques VR actuels.

- Vision d'Apple Pro : Offre jusqu'à 2 heures d'utilisation, ce qui, compte tenu de ses fonctions avancées, est raisonnable. La Vision Pro pèse environ 1,3 livre, ce qui est légèrement plus lourd que la Quest 3..

Le Meta Quest 3 et Apple Vision Pro s'adressent à différents segments du marché VR/AR. Le Quest 3 offre une expérience abordable et conviviale, adaptée aux jeux et aux applications VR générales. En revanche, le Vision Pro est un appareil haut de gamme qui repousse les limites de la technologie VR/AR et s'adresse aux professionnels et aux passionnés à la recherche de l'expérience la plus avancée possible.

De nombreuses personnes suggèrent que si le Vision Pro n'est pas dans votre budget, le Quest 3 est une bonne alternative. Cependant, je pense que cette comparaison n'est pas tout à fait pertinente. Pour ceux qui sont principalement intéressés par le jeu et peut-être le fitness, et qui recherchent une véritable expérience VR, le Quest 3 peut être une option décente si le Vision Pro est inabordable.

En revanche, si vous êtes comme moi et que vous avez besoin d'un casque pour travailler et être productif, avec en prime la possibilité de vous divertir occasionnellement, alors le Quest 3 n'est peut-être pas le meilleur achat. Compte tenu de l'investissement important que représente le Vision Pro, il est compréhensible qu'il soit hors de votre budget. Dans ce cas, je conseillerais d'attendre la prochaine version du Vision Pro ou d'envisager le

Quest 4, en fonction de ses spécifications, qui n'ont pas encore été publiées à l'heure où j'écris ces lignes.

S'il n'est pas exclu de travailler sur le Quest 3 n'est pas exclu, il n'offre pas la même facilité d'utilisation que le Vision Pro. Il est assez rapide, surtout pour les utilisateurs de Windows, puisqu'il est compatible avec le système d'exploitation, contrairement au Vision Pro. Le principal problème du Quest 3 est la conscience que l'on a de l'utiliser : les images sont un peu floues et manquent de netteté. En revanche, le Vision Pro offre une expérience immersive ; si ce n'était du poids du casque, on pourrait même oublier qu'on le porte.

PSVR 2

Meta Quest n'est pas le seul jeu en ville, surtout si vous voulez un casque de jeu. PSVR 2 est conçu pour la PlayStation, vous aurez donc besoin d'une PS5 pour l'utiliser. Mais quelle est la différence entre ces deux casques ? Découvrons-le :

Affichage et fidélité visuelle

- Vision d'Apple Pro : Un écran impressionnant avec 23 millions de pixels par panneau, dépassant la résolution de la plupart des téléviseurs 4K. Cette caractéristique promet une clarté et des détails inégalés dans les contenus visuels.

- PSVR 2: Comprend deux écrans OLED de 2000 x 2040, ainsi que des capacités 4K HDR. Bien que cela soit impressionnant, il semble que la Vision Pro semble avoir un avantage en termes de densité de pixels et de clarté.

Intégration et facilité d'utilisation

- Vision d'Apple Pour : Offre une grande polyvalence grâce à ses capacités de réalité mixte, qui permettent aux utilisateurs d'intégrer les applications à leur environnement. L'appareil peut être utilisé branché ou alimenté par une batterie, ce qui lui confère une autonomie de 2 heures. En outre, il comprend un écran externe affichant les yeux de l'utilisateur, ce qui renforce la sensation de présence.

- PSVR 2: S'intègre parfaitement à la PlayStation 5, en se connectant via un câble USB C. Cette intégration garantit une installation sans souci pour les joueurs, sans se soucier de l'autonomie de la batterie.

Conception et interaction

- Vision d'Apple Pro : Ces lunettes de ski au design futuriste ont un profil fin et élégant. Il est doté d'un bandeau en peluche pour le confort et d'une élégante teinte argentée. L'interaction avec l'appareil est facilitée par la voix, les mouvements oculaires et les gestes de la main, offrant une expérience sans manette.

- PSVR 2: Bien qu'il ne soit pas aussi élégant que le Vision Pro, il est conçu pour le confort. Le PSVR

2 nécessite l'utilisation de manettes tactiles, légères et conviviales pour la navigation et le jeu.

Point de prix

- Vision d'Apple Pro : Positionné comme un produit haut de gamme, le Vision Pro est proposé à un prix élevé de 3 499 dollars, reflétant sa technologie avancée et ses capacités de réalité mixte.

- PSVR 2: Plus abordable (549 $), le PSVR 2 est nettement moins cher que le Vision Pro, ce qui en fait une option plus accessible pour les amateurs de jeux VR.

L'Apple Vision Pro et PSVR 2bien qu'offrant tous deux des expériences immersives et des graphiques haute résolution, s'adressent à des publics et à des objectifs distincts. Le Vision Pro est un appareil de réalité mixte haut de gamme qui convient à ceux qui recherchent une expérience AR/VR complète et polyvalente, en particulier pour la diffusion en continu, le visionnage et les applications professionnelles. En revanche, le PSVR 2 est un casque de jeu VR dédié, idéal pour les utilisateurs de PlayStation 5 à la recherche d'une expérience de jeu immersive.

Vous pouvez jouer à des jeux sur le Vision Pro - il y en a des milliers si l'on considère toutes les applications iPad intégrées à l'écosystème ; mais la PS5 a été conçue pour le jeu, et personne ne sera surpris d'apprendre que les jeux sur le PSVR 2 sont supérieurs.

HoloLens 2

Enfin, si vous pensiez que le Vision Pro était le seul casque à 3500 $, vous avez dû oublier l'HoloLens. Ne vous inquiétez pas ! Tout le monde l'a oublié ! L'HoloLens est la réponse de Microsoft à la réalité mixte. Et je sais ce que vous pensez : Microsoft a la réalité mixte ! Oui ! Et c'est vraiment cool. La société travaille dans ce domaine depuis des années et a une longueur d'avance sur Apple à bien des égards. S'agit-il d'un appareil supérieur ? Découvrons-le !

Conception

- Vision d'Apple Pro : Le Vision Pro arbore un design élégant, proche d'une paire de lunettes de ski. Fabriqué en aluminium et doté d'un écran en verre incurvé, il dégage une esthétique moderne et conviviale. Ce choix de conception reflète la volonté d'Apple de créer un appareil qui soit non seulement fonctionnel, mais aussi à la mode.

- HoloLens 2 : En revanche, l'HoloLens 2 a un aspect industriel avec un facteur de forme semblable à une visière, construit principalement en plastique. Ce design est plus utilitaire, mettant l'accent sur la fonctionnalité et la durabilité, ce qui est important pour les applications commerciales et industrielles.

Caractéristiques

- Vision d'Apple Pro : Conçu principalement pour les consommateurs, le Vision Pro offre un champ de vision plus large que l'HoloLens 2, ce qui permet d'offrir une expérience AR plus immersive. Son confort est également une caractéristique clé, qui le rend adapté à une utilisation prolongée. Les pouvoirs d'"ordinateur spatial" du Vision Pro sont un autre point fort, promettant des interactions innovantes avec le monde numérique.

- HoloLens 2 : Destiné aux entreprises, l'HoloLens 2 excelle dans les capacités de suivi avancées et l'intégration transparente avec l'écosystème Microsoft, y compris diverses applications d'entreprise. Cet accent mis sur les cas d'utilisation professionnelle lui confère un avantage dans les environnements où la robustesse et la précision sont cruciales.

Prix

- Vision d'Apple Pro : Le prix du Vision Pro est de 3 499 dollars. Ce prix le positionne comme un produit haut de gamme, reflétant sa technologie et son design avancés.

- HoloLens 2 : L'HoloLens 2 est actuellement disponible au prix de 3 500 dollars et de 4 500 dollars pour l'édition entreprise. Cette stratégie de prix souligne l'accent mis sur les marchés professionnels et industriels, où l'investissement peut être justifié par l'utilité de l'appareil dans des applications spécialisées.

L'Apple Vision Pro et le HoloLens 2, bien qu'ils soient tous deux de puissants casques de réalité augmentée, répondent à des objectifs et à des publics différents. Le Vision Pro est un excellent choix pour les consommateurs qui apprécient le style, le confort et un large champ de vision dans un casque de réalité augmentée. Ses capacités sont orientées vers des expériences immersives dans le domaine du divertissement personnel, des jeux et peut-être d'un travail professionnel léger.

En revanche, l'HoloLens 2 est parfaitement adapté aux entreprises et aux environnements professionnels. Ses fonctions de suivi avancées, sa construction robuste et son intégration avec la suite d'outils d'entreprise de Microsoft en font un choix pratique pour des secteurs tels que la fabrication, la santé et l'éducation.

ACHAT D'UNE VISION PRO

La Vision Pro est l'une des expériences d'achat les plus uniques jamais proposées par Apple. Pour obtenir le meilleur ajustement possible, vous pouvez vous rendre dans n'importe quel Apple Store sur rendez-vous et vous faire mesurer. Si vous ne voulez pas faire cela, vous pouvez aussi le faire sur votre iPhone ou votre iPad (vous pouvez utiliser votre ordinateur, bien sûr, mais vous serez renvoyé vers votre iPhone ou votre iPad pour prendre les mesures). Mon conseil : utilisez un iPhone. J'ai essayé sur un iPad Pro et j'ai trouvé le processus un peu plus frustrant - je tournais la tête de toutes les façons possibles pour essayer de numériser.

L'autre chose que je recommande vivement, c'est de faire le scan deux ou trois fois. La première fois que j'ai essayé, j'ai obtenu une taille moyenne. Les deux fois suivantes, j'ai obtenu un petit. Le Light Seal a également été mesuré à 21W et 23W. Si vous n'avez pas la possibilité de vous rendre en magasin, vous pouvez prendre les deux et renvoyer celui qui ne vous convient pas.

Lorsque vous passez à la caisse, une page vous invite à scanner votre visage. C'est un processus rapide, mais assurez-vous d'avoir beaucoup de lumière. Cela ne fonctionnera pas dans une pièce faiblement éclairée. J'ai dû changer de pièce la première fois que j'ai essayé.

Si vous avez déjà utilisé Face ID sur votre appareil Apple, les étapes suivantes sont assez similaires. Vous allez scanner votre visage en regardant dans différentes directions. (note : pardonnez ma photo ci-dessous - je suis sur la côte ouest, donc commander le Vision Pro a nécessité un réveil à 5 heures du matin).

Après l'avoir fait une fois, vous ferez exactement la même chose une deuxième fois.

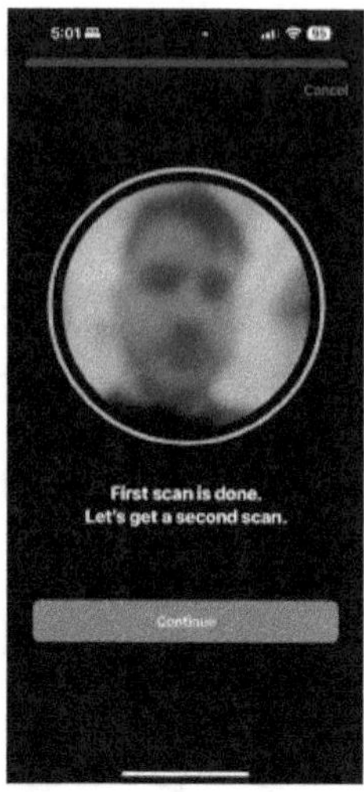

Une fois le balayage terminé, vous verrez apparaître un écran indiquant que votre visage a été
mesuré. Vous devrez faire défiler un peu l'écran
pour accéder à la partie suivante, qui concerne les
lentilles de prescription.

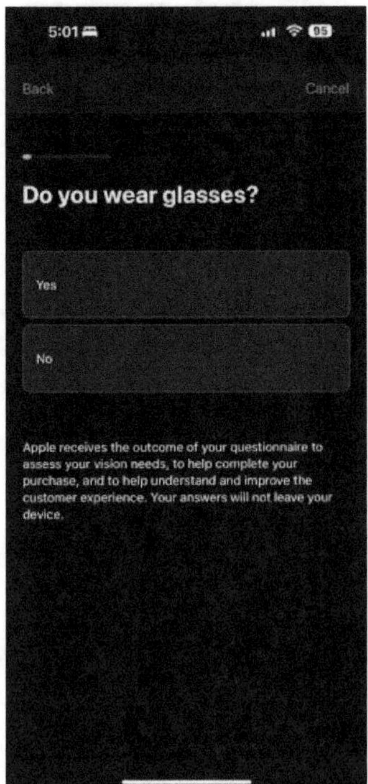

La partie suivante du processus d'achat est plus facile : il suffit de poser quelques questions pour savoir si vous portez des lunettes, des lentilles de contact ou si vous avez déjà subi une chirurgie oculaire corrective. Cela vous aidera à déterminer si les lentilles ZEISS sont idéales pour vous.

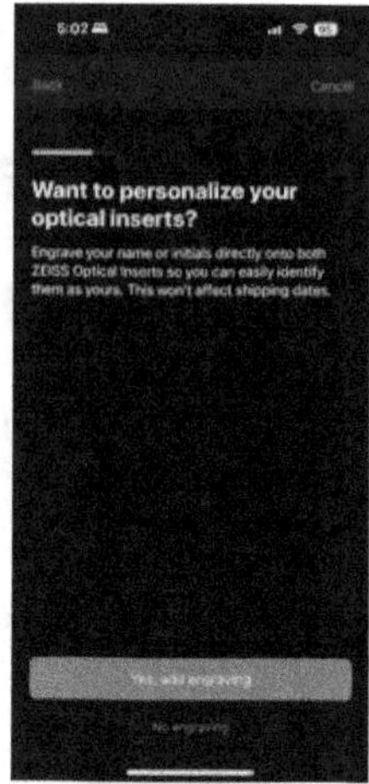

Une fois ce questionnaire rempli, le système vous indiquera soit que vous n'avez pas besoin du complément de lentilles, soit que vous devez télécharger votre ordonnance. Vous n'avez pas besoin de votre ordonnance pour passer commande. Vous pouvez l'ignorer et revenir l'ajouter plus tard.

Le reste du processus d'achat est assez classique. Il vous demandera si vous souhaitez bénéficier d'un plan de paiement, si vous voulez Apple Care+ (passez à la section sur Apple Care+ si vous êtes hésitant - indice : les réparations sans ce service peuvent coûter plus de 2 000 $! Une fois que vous avez fait tout cela, vous pouvez passer votre commande et tout est prêt ! L'ensemble de la procédure prend environ 5 à 10 minutes.

DÉBALLAGE

Je n'ai pas l'habitude de faire des unboxing lorsque je publie des livres pratiques ; le Vision Pro n'est pas un produit typique, donc je fais les choses un peu différemment. Cette section vous expliquera comment l'appareil est emballé.

La première chose qui pourrait vous surprendre est la taille de la boîte. Elle pèse plus de 5 livres et est plus grande que la boîte d'un MacBook.

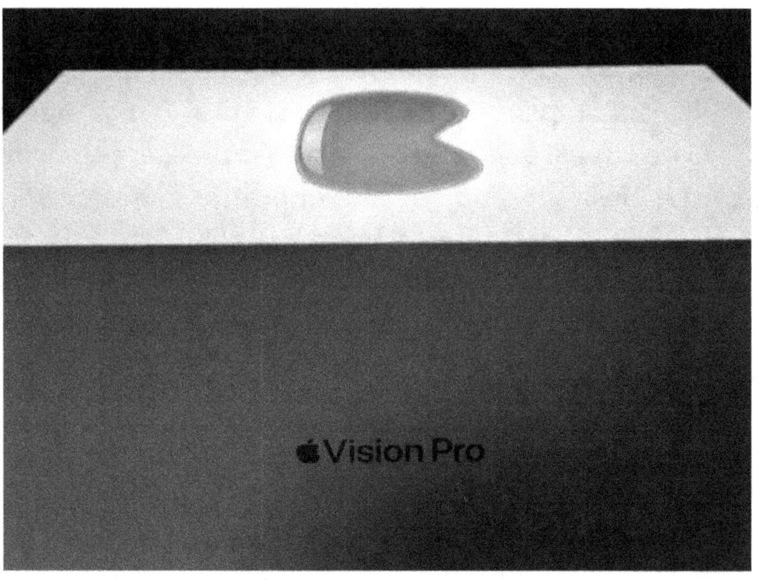

Pour vous donner une idée de sa taille, laissez-moi vous montrer l'accessoire de batterie Belkin (il s'agit d'un achat supplémentaire optionnel), puis je le montrerai à côté de la boîte.

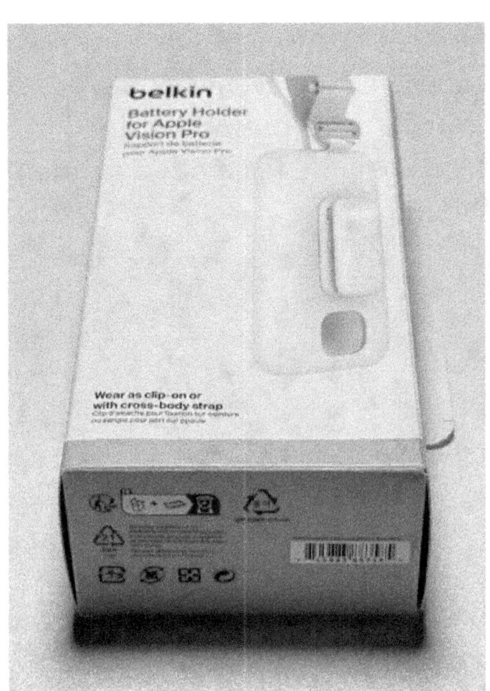

Voici la face avant du support de batterie
Belkin ; il peut être accroché à vous ou vous pouvez
utiliser la lanière pour le porter autour de vous.

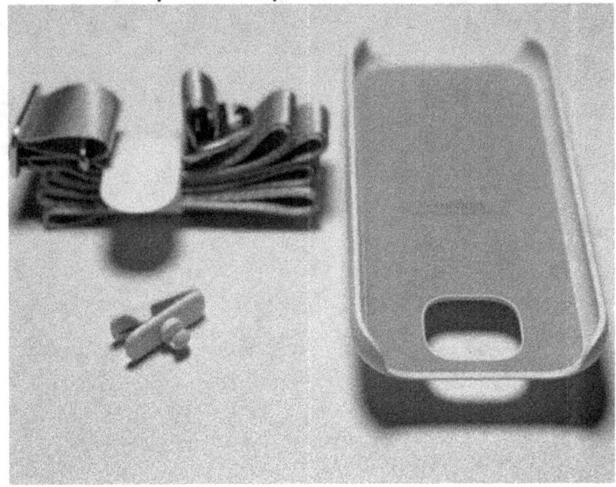

Ci-dessous, la face avant ; pour vous donner une idée de la taille de la batterie Vision Pro, elle est à peu près de la même taille et du même poids qu'un iPhone Pro Max.

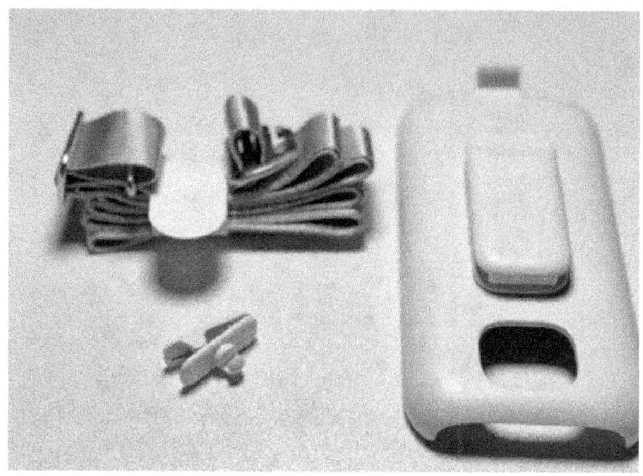

Et le voici à côté de la boîte Vision Pro box.

Une fois que vous avez décollé l'autocollant facile à décoller attaché de chaque côté de la boîte, vous soulevez la boîte et vous voyez le Vision Pro dans toute sa beauté. Certaines personnes ont fait remarquer que la boîte pouvait servir de support. Je suis d'accord, mais je préfère l'étui de voyage, qui protège l'appareil en cas de chute. Vous remarquerez également qu'il y a une housse frontale ; vous devriez l'utiliser chaque fois que vous n'utilisez pas l'appareil pour le protéger de la poussière et des rayures.

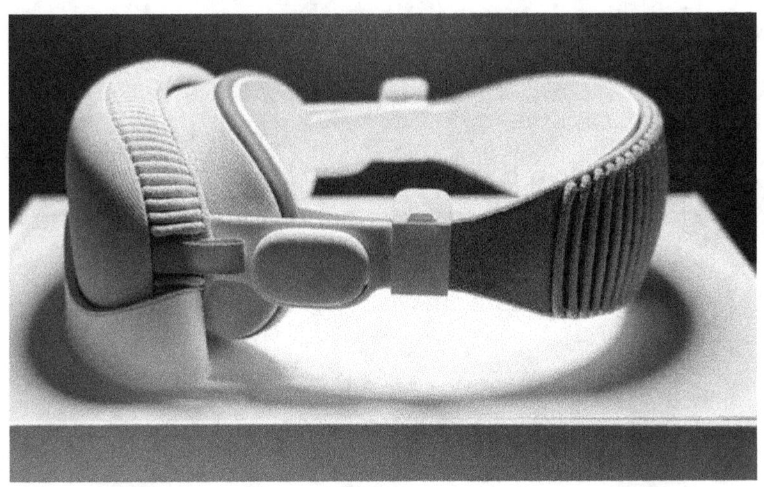

Ouvrez le Vision Pro et vous trouverez la batterie. On a beaucoup parlé de la batterie ; je l'ai trouvée très bien construite, pas très lourde, et facile à attacher à vous ou à mettre sur le côté. Je n'ai même pas remarqué qu'il était là. La batterie se charge à l'aide d'un adaptateur USB-C inclus ;

vous pouvez la charger pendant que vous utilisez la Vision Pro.

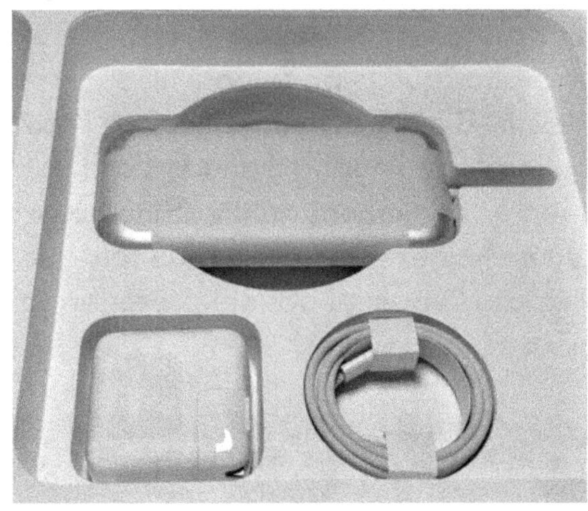

Le coussin d'étanchéité à la lumière se trouve également sur le dessus de la boîte. Un coussin est déjà fixé magnétiquement au Vision Pro ; celui-ci est un peu plus épais

. Si vous utilisez les inserts de lentilles Zeiss, vous voudrez probablement les remplacer par ces inserts légèrement plus épais.

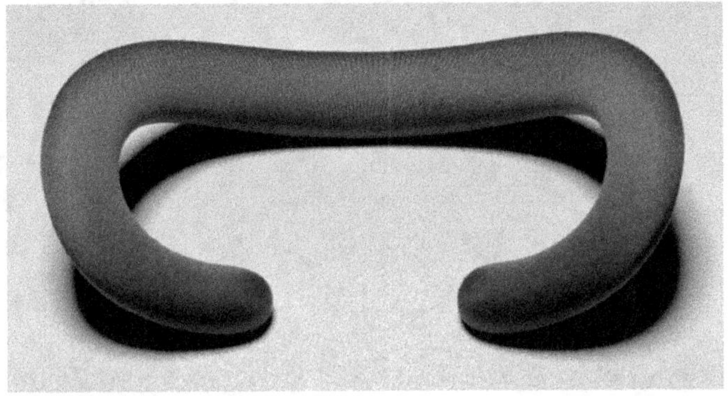

Sous le Light Seal se trouve un chiffon de polissage.

Je recommande d'utiliser ce produit pour nettoyer votre Vision Pro plutôt que d'utiliser quelque chose d'autre que vous pourriez avoir.

Sous le tissu se trouve la bande Dual Loop.

La bande Dual Loop permet de répartir le poids plus uniformément, et de nombreuses personnes la préfèrent à la bande simple, plus souple.

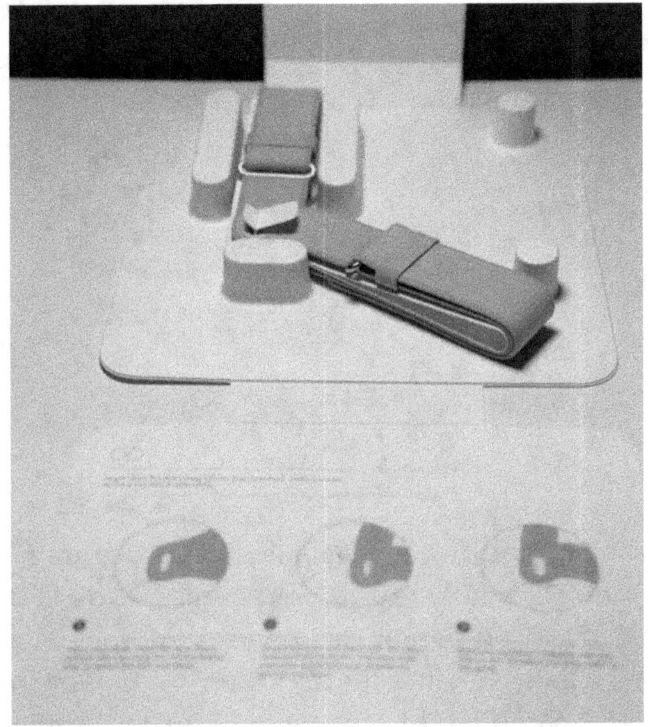

Enfin, vous disposez de quelque chose que l'on n'a pas vu dans un produit Apple depuis très longtemps - quelque chose qui n'est plus inclus dans la plupart des produits : un manuel de démarrage !

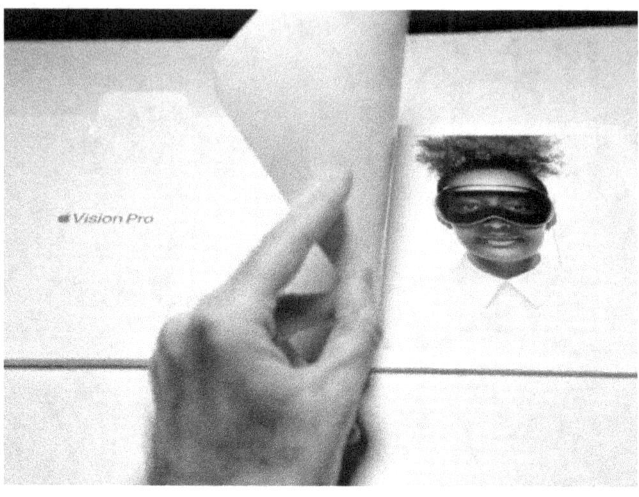

Il n'est pas du tout exhaustif, mais il couvre l'essentiel, comme le retrait des sangles et de la batterie ; c'est un papier très épais, tout en couleurs et d'excellente qualité. Il s'agit d'un document très épais, en couleur et d'excellente qualité. Une partie de vous voudra peut-être le mettre sur votre étagère !

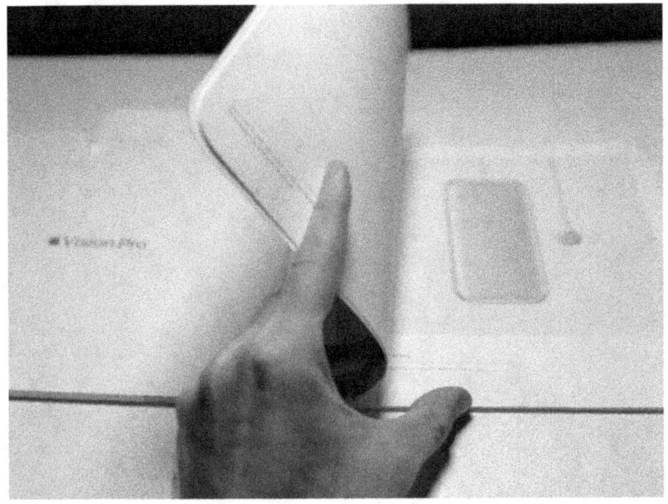

Vous trouverez ci-dessous quelques éléments qui ne sont pas inclus dans la boîte, mais que vous pourriez vouloir acheter. Tout d'abord, les inserts de lentilles Zeiss.

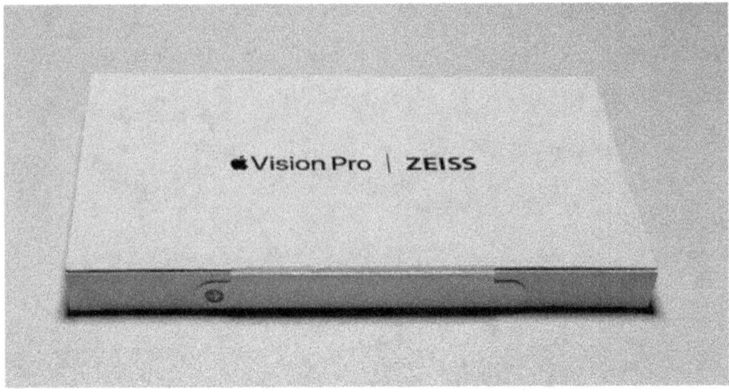

Même s'il s'agit d'un produit d'une autre société, l'emballage ressemble beaucoup à celui d'Apple, et l'on peut voir qu'ils ont travaillé en étroite collaboration avec Zeiss sur ce partenariat.

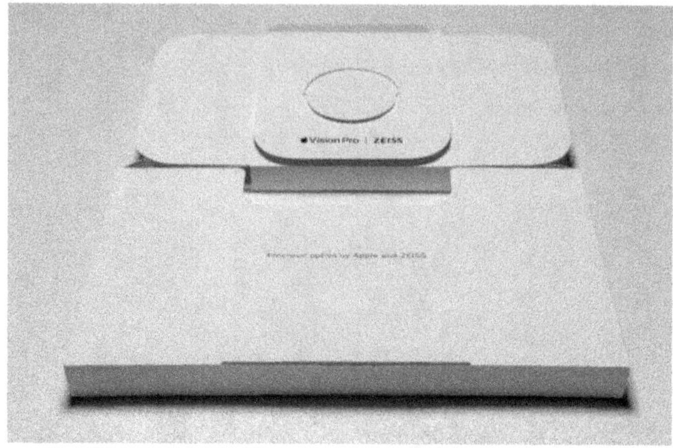

Je recommande de conserver la boîte dans laquelle il a été livré ; à ce jour, il n'y a pas d'étui pour les inserts de lentilles Zeiss ; si d'autres personnes utilisent votre Vision Pro, vous devrez retirer les inserts et les conserver dans un endroit où ils ne seront pas rayés.

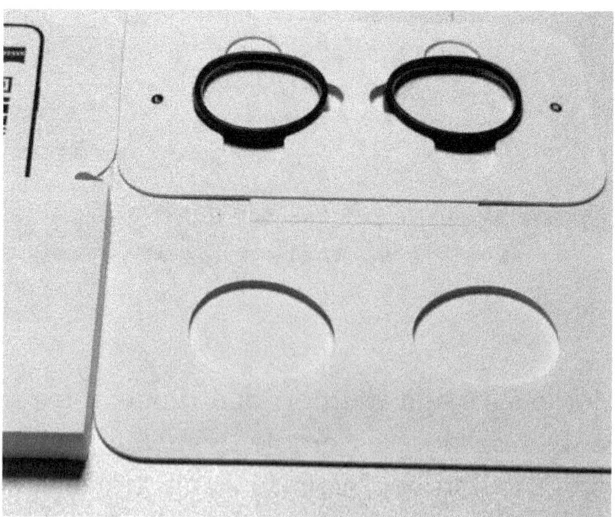

Je vous recommande également d'acheter un coussin Light Seal de rechange ; il coûte 29 $ et est pratique lorsque quelqu'un d'autre utilise votre Vision Pro. Il se fixe magnétiquement au casque et peut être remplacé en quelques secondes.

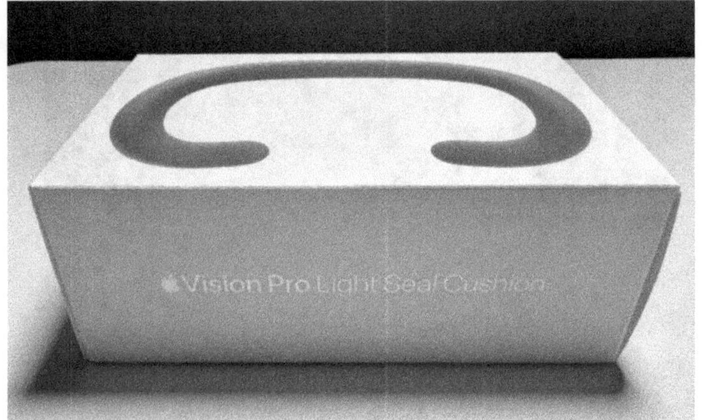

Enfin, il y a l'étui de voyage Apple Vision Pro. Il coûte 199 $ et c'est l'un des rares étuis disponibles dans le cadre de cette option. C'est la meilleure option si vous voyagez avec le Vision Pro, mais c'est aussi une excellente option pour ranger votre casque quand vous ne l'utilisez pas. Il y a deux choses que je n'aime pas dans cet étui : premièrement, il est un peu grand, donc si vous voyagez avec lui, vous ne pouvez pas vraiment le mettre dans un sac à dos ; deuxièmement, les fermetures éclair sont un peu rigides - elles ne se dézippent pas aussi facilement que je le souhaiterais.

APPLICATIONS PRÉINSTALLÉES

Si vous avez utilisé des produits Apple (des Macbooks aux iPads en passant par les iPhones), le Vision Pro comportera un grand nombre d'applications très familières. Vous trouverez ci-dessous les applications installées sur le Vision Pro. Certaines (comme Capture et Encounter Dinosaurs) sont exclusives au Vision Pro ; la plupart sont des applications que vous connaissez déjà, mais qui ont été améliorées pour le Vision Pro.

Applications amélioré pour la vision Pro :

- App Store

- À la rencontre des dinosaures
- Dossiers
- Freeform
- Discours d'ouverture
- Courrier
- Messages
- La pleine conscience
- Musique
- Notes
- Photos
- Safari
- Paramètres
- Conseils
- TV

Applications installées mais non optimisées pour Vision Pro :

- Livres
- Calendrier
- Accueil
- Cartes
- Actualités
- Podcasts
- Rappels
- Raccourcis
- Stocks
- Mémos vocaux

Que signifie "installé mais non optimisé" ? De nombreuses applications qui seront présentes sur le Vision Pro, qu'elles proviennent des développeurs ou d'Apple, ne seront que des applications iPad portées sur le Vision Pro. Elles fonctionnent bien, mais n'ont rien de spécial.

Ce livre a été écrit au moment de la sortie du Vision Pro ; Apple devrait ajouter d'autres applications par la suite.

[2]

POUR COMMENCER

Le Vision Pro sorti de sa boîte, voyons comment utiliser le Vision Pro pour la première fois.

LA BATTERIE

Avant de pouvoir utiliser le Vision Pro, vous devez le brancher - il n'y a pas de batterie sur le Vision Pro ; contrairement à un ordinateur portable, si vous le débranchez, vous aurez encore quelques heures d'utilisation, le Vision Pro s'éteindra instantanément si vous le débranchez.

Pour fixer la batterie, il faut aligner le cercle du connecteur de la batterie avec le cercle situé sur le côté du Vision Pro (le cercle qui n'est pas rempli) ; une fois qu'il est aligné, vous le tournez pour l'aligner avec le cercle rempli. Pour retirer la batterie, il suffit de suivre ces étapes en sens inverse.

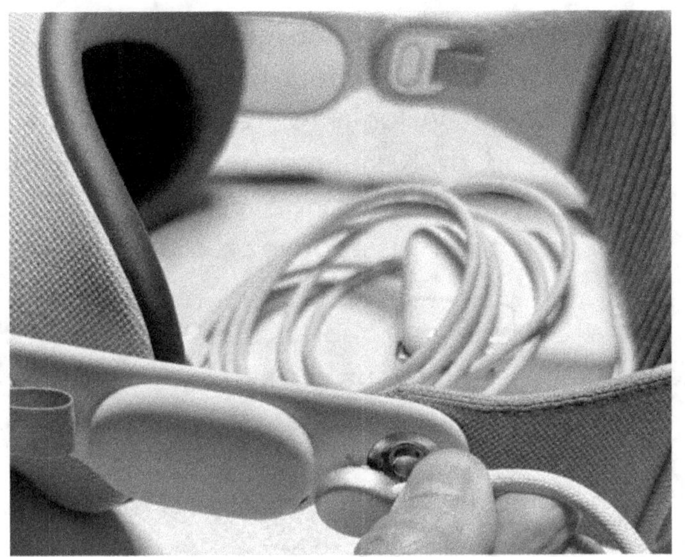

COMMENT RECHARGER LA BATTERIE DE L'APPLE VISION PRO

La Vision Pro est livrée avec un câble de charge USB-C et un adaptateur d'alimentation USB-C ; il est recommandé d'utiliser le chargeur fourni.

SIGNIFICATION DU VOYANT DE LA BATTERIE

Le voyant de la batterie a différents indicateurs lumineux. Voyons ce qu'ils signifient. Si le câble de chargement est branché, voici les différents indicateurs :

- **Vert** : la batterie est pleine.
- **Ambre** : la batterie n'est pas pleine, mais elle est suffisamment chargée pour vous permettre d'utiliser Apple Vision Pro.

- **Ambre clignotant lentement** : la batterie est trop faible pour faire fonctionner votre Apple Vision Pro. Chargez la batterie pendant 10 minutes ou jusqu'à ce que le voyant soit orange et ne clignote plus lorsque vous appuyez sur la batterie.

Si la batterie est débranchée, voici les indicateurs lumineux que vous verrez :

- **Vert** : la batterie est plus qu'à moitié pleine.
- **Ambre** : la batterie est moins de la moitié de sa capacité.
- **Ambre clignotant lentement** : la batterie est trop faible pour faire fonctionner votre Apple Vision Pro. Chargez la batterie pendant 10 minutes ou jusqu'à ce que le voyant soit orange et ne clignote plus lorsque vous appuyez sur la batterie.

PORTER LE VISION PRO ET AJUSTEMENT DES SANGLES

Voici l'une des choses les plus importantes à savoir pour débuter avec le Vision Pro : il est lourd et un mauvais ajustement le rendra plus lourd. Pour que l'expérience soit confortable, il faut notamment que les bandes soient correctement ajustées.

Lorsque j'ai commencé à entendre les commentaires sur l'oreillette, j'ai toujours entendu parler de son poids et j'étais un peu nerveux ; je voulais cette oreillette pour la productivité et pour travailler lorsque je n'étais pas dans mon bureau. Comment allais-je faire avec une brique sur la tête ?

À mon grand soulagement, il était un peu plus léger que prévu ; mieux encore, le fait d'ajuster les sangles a vraiment aidé.

Le Vision Pro est livré avec deux bandeaux (de tailles différentes) : le bandeau Solo Knit et le bandeau Dual Loop. Le bandeau Solo Knit est déjà fixé à votre Vision Pro, mais vous pouvez passer au bandeau Dual Loop à tout moment. Il vous suffit d'enlever le bracelet Solo Knit et d'enclencher le bracelet Dual Loop.

La plupart des gens trouveront probablement que le poids est mieux réparti avec le Dual Loop Band, qui passe par-dessus la tête, mais mon conseil est d'essayer les deux pendant un certain temps.

PORTER LE VISION PRO AVEC LA BANDE DE TRICOT SOLO

Saisissez votre appareil par le cadre d'une main et le Solo Knit Band de l'autre. Ne saisissez pas le Vision Pro par le joint d'étanchéité de la lumière, les sangles ou le câble d'alimentation ; ces éléments peuvent se détacher et faire tomber le Vision Pro.

Placez l'appareil près de votre visage et faites glisser le bandeau Solo Knit à l'arrière de votre tête. En fonction de votre coiffure, vous pouvez trouver plus facile de mettre le bandeau d'abord, puis de tirer le dispositif sur vos yeux.

Une fois l'appareil en place, tournez la molette d'ajustement dans le sens des aiguilles d'une montre pour resserrer la bande Solo Knit et dans le sens inverse des aiguilles d'une montre pour la desserrer. Vous voulez que le Vision Pro soit bien ajusté. Vous pouvez également déplacer le dos vers le haut ou vers le bas pour voir s'il répartit mieux le poids.

Lorsque j'ai acheté le Vision Pro, il était indiqué de prendre la taille moyenne ; j'ai fini par prendre la petite taille également pour être sûr, et j'ai trouvé que la petite taille était plus confortable. Donc, si vous n'aimez pas la sensation, il se peut que vous n'ayez pas la bonne taille de sangle.

Si votre bandeau est trop serré, il peut irriter votre peau, vous mettre mal à l'aise ou laisser des marques sur votre visage. Ces marques disparaîtront rapidement.

Si votre bandeau est trop lâche ou n'est pas dans la bonne position, vous verrez probablement un message indiquant que l'appareil est trop haut ou trop bas. Il suffit de le monter ou de le descendre jusqu'à ce qu'il soit bien positionné.

PORTER LE VISION PRO AVEC LA BANDE À DOUBLE BOUCLE

Prenez l'appareil et, une fois encore, n'oubliez pas de tenir votre Vision Pro par le cadre, et non par le Light Seal, les sangles ou le câble.

Placez l'appareil près de votre visage et faites glisser le bracelet à double boucle à l'arrière de votre tête.

Tenez Vision Procédez d'une main vers votre visage, en veillant à ce qu'elle s'appuie uniformément sur votre front et vos joues.

Pendant que vous tenez le Vision Pro contre votre visage, utilisez votre autre main pour serrer d'abord la sangle inférieure, puis la sangle supérieure.

RETRAIT DE LA LA SANGLE

Pour retirer la sangle, tenez l'oreillette d'une main et, de l'autre, tirez la languette orange vers le haut ; elle se détache facilement. Pour la remettre en place, il suffit de la faire glisser.

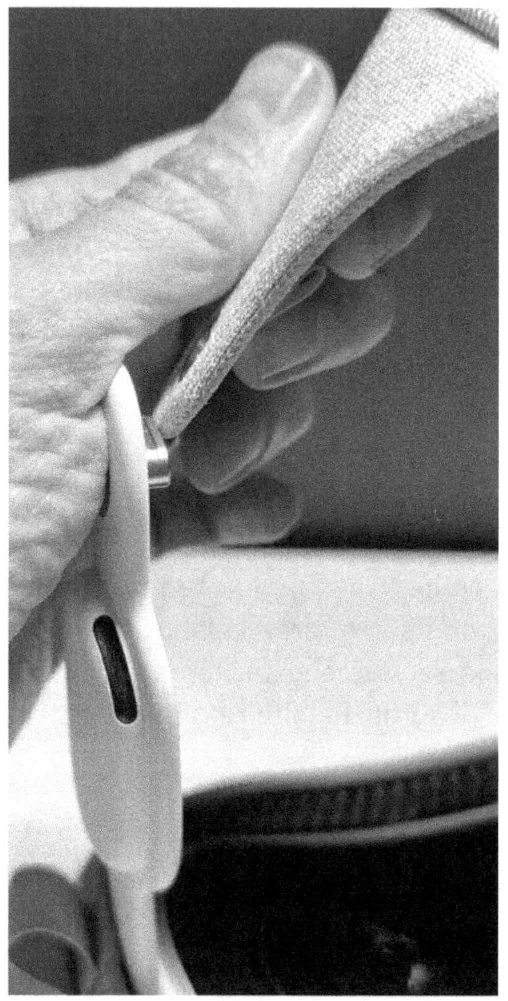

COMMENT ENLEVER L'APPLE VISION PRO

Desserrez le bandeau avant de l'enlever. Pour le bandeau en tricot Solo, il suffit de tourner la molette d'ajustement vers la gauche. Pour le bandeau à double boucle, tirez simplement sur la languette de la sangle inférieure pour l'éloigner de votre tête.

Retirer l'appareil en tenant le cadre.

Lorsque vous posez votre appareil, ne laissez pas le verre du couvercle toucher des surfaces dures, comme une table ou un comptoir. Elles pourraient le rayer. Placez la batterie à côté de Vision Pro lorsque vous ne l'utilisez pas afin que le câble d'alimentation ne s'emmêle pas avec d'autres objets.

Lorsque vous avez terminé avec Vision Pro, remettez le couvercle pour le protéger.

COMMENT FAIRE EN SORTE QUE VISION PRO S'ADAPTE PARFAITEMENT

Dans la mesure du possible, vous souhaitez que le Vision Pro soit équilibré sur votre visage. Il doit être bien ajusté, mais pas serré.

Si le bandeau est trop serré, tournez la molette d'ajustement vers la gauche et éloignez l'appareil de votre visage en tirant sur le cadre.

Si vos cils touchent votre Vision Pro ou que vos yeux sont trop éloignés, vous verrez un message indiquant que vos yeux sont trop proches des écrans ; essayez d'utiliser le coussin Light Seal avec un "+" qui se trouve dans votre boîte. Si cela ne fonctionne pas, il se peut que vous ayez besoin d'un Light Seal de taille différente.

NETTOYAGE

Le nettoyage est un élément important pour que votre Vision Pro fonctionne comme prévu. Des caméras sales ou maculées, par exemple, peuvent affecter le fonctionnement du suivi manuel.

Premièrement : n'utilisez **pas** d'alcool isopropylique, de Windex, de Clorox ou d'autres produits similaires pour nettoyer les surfaces du Vision Pro. Nettoyez votre Vision Pro avec un chiffon sec, un chiffon légèrement humide ou, idéalement, avec le chiffon fourni avec la Vision Pro.

Assurez-vous que votre chiffon de polissage Apple Vision Pro Polishing Cloth est propre et conservez-le dans un sac propre. Les sacs à dos, sacs à main, poches et autres endroits peuvent contenir des objets susceptibles de rayer votre appareil.

NETTOYAGE DU COUVERCLE EN VERRE

Si la vitre du couvercle est sale, essuyez-la avec un chiffon en microfibres propre et sec, comme celui fourni avec votre Apple Vision Pro.

Si vous voyez des objets détachés sur votre vitre de couverture, essuyez-les avec un chiffon en microfibres propre et sec.

LA MISE EN PLACE

La Vision L'installation du Pro est très facile ; malheureusement, je n'ai pas pu la capturer, mais je vais faire de mon mieux pour expliquer les étapes ci-dessous :

Étape 1

Placez le bandeau sur votre tête et tournez la molette située sur le côté droit du bandeau pour l'ajuster. L'écran vous indiquera d'appuyer et de maintenir la couronne numérique et de regarder les lunettes flottantes pour ajuster votre vue.

Étape 2

Vous avez besoin d'un iPhone ou d'un iPad pour configurer le Vision Pro. L'oreillette vous demandera d'approcher votre téléphone de votre visage et de le déverrouiller. Votre téléphone affichera un code QR que vous devrez scanner avec l'oreillette pour continuer.

Étape 3

Les gestes de la main sont la première façon d'interagir avec VisionOS, c'est pourquoi le casque doit reconnaître vos mains. Il vous demandera d'étendre vos bras devant vous et de montrer vos paumes au casque. Il vous demandera ensuite de retourner vos mains.

Étape 4

Le suivi des yeux est le deuxième moyen d'interagir avec votre environnement, et le casque doit donc suivre les mouvements de vos yeux. Il vous demandera de regarder un point, puis six points dans un cercle, et d'appuyer sur votre doigt lorsque vous regardez chacun d'eux. Ensuite, l'écran s'éclaircira et vous ferez à nouveau le cercle, puis il s'éclaircira encore et vous le ferez une dernière fois.

Étape 5

Vous pouvez sauter cette étape si vous le souhaitez et la réaliser plus tard. Je vous montrerai comment faire dans le livre. Le Vision Pro vous demandera de l'enlever et de pointer le Vision Pro vers votre visage. L'écran situé à l'avant s'illumine et affiche des cercles dans lesquels se trouve votre visage. Les haut-parleurs vous demanderont de regarder l'oreillette, puis d'incliner votre tête vers la gauche, la droite, le haut et le bas. Il enregistrera ensuite vos expressions faciales en vous demandant de sourire la bouche fermée, de sourire avec les dents, de fermer les yeux et de hausser les sourcils. Ces huit actions suffisent au Vision Pro pour créer ce que l'on appelle une Persona.

C'est la partie la plus frustrante de l'installation pour moi. La première fois que j'ai essayé, le système me demandait de regarder vers le bas et la gauche, puis il m'a dit que la configuration avait échoué. La deuxième fois, j'ai essayé avec un meilleur éclairage et j'ai réussi. Il convient de noter que cette fonction est en version bêta.

Étape 6

La Vision Pro utilise Optic ID au lieu de Face ID. Cela signifie qu'il scanne vos yeux pour confirmer votre identité. Ainsi, vous n'avez pas besoin de saisir votre mot de passe. Après avoir configuré votre FaceTime le Vision Pro vous demandera de regarder un symbole. Après quelques secondes, l'identification optique est activée. C'est tout. En guise de sauvegarde, le Vision Pro vous demandera également de configurer un code d'accès à six chiffres (vous pouvez également passer à quatre chiffres). Vous devrez utiliser ce code à chaque fois que le Vision Pro redémarrera.

Si vous perdez votre code d'accès, vous devrez apporter l'oreillette dans un Apple Store pour le récupérer.

Étape 7

Vous y êtes presque. Le logiciel Vision Pro vous montrera un tutoriel rapide sur l'utilisation des gestes et fonctions de base, comme la sélection d'éléments, le redimensionnement de fenêtres et l'ouverture de menus rapides.

Voilà, c'est fait. Vous êtes prêt. L'ensemble du processus est très facile, mais il prend environ 10 minutes. Je ne vous ai pas montré ici comment installer les inserts Zeiss. Vous pouvez le faire pendant l'installation ou plus tard. Je vous montrerai comment faire dans le livre.

UTILISATION DE VISION PRO AVEC LES INSERTS ZEISS

Si vous n'avez pas ajouté vos inserts Zeiss lors de la configuration, vous pouvez le faire à tout moment après avoir commencé à utiliser l'appareil en suivant les étapes suivantes.

Sur le Vision Pro, fixez les inserts optiques ; ils s'enclenchent immédiatement - assurez-vous de les enclencher du bon côté.

Retirez le couvercle, puis mettez en place le Vision Pro. Il détectera automatiquement les inserts et vous guidera tout au long du processus d'installation ; une partie du processus consistera à scanner un code fourni avec vos inserts, alors assurez-vous de ne pas jeter la boîte !

Vous pouvez également appairer de nouvelles plaquettes à tout moment, en allant dans Paramètres > Yeux & Mains, puis en appuyant sur Configurer de nouvelles plaquettes optiques.

[3]

NAVIGUER AUTOUR DE LA VISION PRO

Maintenant que vous savez ce qu'est (et ce que n'est pas) le Vision Pro (et ce qu'il n'est pas) et que vous avez vu à quoi ressemble l'installation, apprenons à nous déplacer dans l'appareil.

GESTES

Avant d'aborder le système d'exploitation lui-même, parlons des gestes.

Les gestes sont probablement la première chose qui vous surprendra lorsque vous utiliserez le Vision Pro. Certes, l'écran est époustouflant et les applications peuvent être très amusantes. Mais c'est la sophistication des gestes qui révèle la quantité de technologie contenue dans cet appareil. C'est intuitif et une fois qu'on s'y est habitué, c'est plus rapide que d'utiliser une souris.

Avant d'aborder les différents gestes, voici quelques points à garder à l'esprit :

- Cela peut sembler magique, mais ce sont en fait toutes les caméras qui permettent aux gestes de fonctionner. Cela signifie que vous devez garder les caméras propres et avoir suffisamment de lumière pour qu'elles puissent vous voir. Si elle a du mal à enregistrer ce que font vos mains, il se peut que vous ayez besoin de plus de lumière ou que la caméra soit sale.
- Vous n'avez pas besoin de lever le bras lorsque vous utilisez Apple Vision Pro. Vous pouvez garder votre main détendue sur votre bureau ou sur vos genoux lorsque vous effectuez la plupart des gestes. La première fois, vos mains se lèveront probablement instinctivement, mais n'oubliez pas qu'elles ne sont pas obligées de le faire.
- Assurez-vous qu'Apple Vision Pro puisse voir vos mains et ne les cache pas sous un bureau ou une couverture.
- Si vous portez des gants, l'appareil ne lira probablement pas vos gestes et, s'il le fait, il ne sera pas aussi précis.
- Ne croisez pas les mains. Il ne saura pas si vous êtes à droite ou à gauche.

Voyons donc les gestes :

Toucher

Vous pouvez toucher certaines choses dans visionOS directement avec vos doigts. Par exemple, lorsque le clavier virtuel de visionOS s'affiche, vous pouvez taper en touchant les touches directement avec un doigt de chaque main.

Tapez vos doigts l'un contre l'autre

Pour sélectionner un objet dans Apple Vision Pro, regardez-le et touchez votre pouce et votre index l'un contre l'autre.

Taper le pouce et l'index ensemble, c'est comme taper sur quelque chose sur votre iPhone ou cliquer sur quelque chose sur votre ordinateur - utilisez ce geste pour choisir une application.

Pincez pour voir plus d'options

Pincez et maintenez quelque chose dans Apple Vision Pro pour afficher plus d'options. Regardez quelque chose, touchez votre pouce et votre index l'un contre l'autre et maintenez la pression. Lorsque d'autres options s'affichent, relâchez la pression, puis touchez pour sélectionner l'option souhaitée.

Pincer et faire glisser

Pour déplacer des éléments dans Apple Vision Pro, regardez quelque chose, puis pincez votre pouce et votre index l'un contre l'autre. Gardez le pouce et l'index ensemble pendant que vous déplacez l'objet là où vous le souhaitez, puis relâchez-les. Il peut s'agir d'éléments tels que des fenêtres ou des menus.

Pincez et secouez votre poignet

Pour vous déplacer ou faire défiler rapidement des éléments, pincez votre pouce et votre index, faites glisser votre poignet vers le haut ou vers le bas, puis relâchez d'un seul coup.

BOUTONS

Le Vision Pro possède deux boutons :

1. **La couronne numérique** qui contrôle la quantité d'environnement affichée et fait apparaître le bouton Home
2. **Le bouton supérieur, qui** permet de prendre des photos, se trouve sur le côté gauche de l'oreillette.

Les boutons peuvent également être utilisés pour d'autres raccourcis, comme vous pouvez le voir ci-dessous.

CAPTURES D'ÉCRAN

Je vous montrerai comment faire un enregistrement d'écran dans la section sur le Centre de contrôle.; si vous voulez faire une capture d'écran fixe de votre écran, appuyez en même temps sur la couronne numérique et le bouton du haut en même temps. Vous entendrez un son de caméra et la capture d'écran sera stockée dans votre bibliothèque.

FORCE CRASH APPLICATION

Si une application ne répond pas Appuyez et maintenez simultanément le bouton du haut et la couronne numérique jusqu'à ce qu'une fenêtre s'affiche et vous demande ce que vous voulez forcer à fermer.

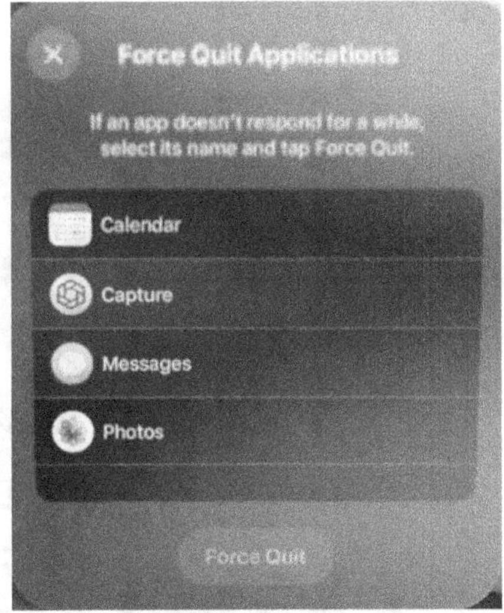

POWER VISION PRO OFF

Il n'y a pas de bouton d'alimentation sur le Vision Pro, mais vous pouvez quand même l'éteindre. Procédez de la même manière que précédemment (appuyez et maintenez la couronne numérique et le bouton supérieur), mais maintenez-les enfoncés plus longtemps. Un message s'affiche pour vous demander d'éteindre le Vision Pro.

RECALIBRER SUIVI

Si vous souhaitez recalibrer votre suivi de la vision, appuyez 5 fois sur le bouton du haut.

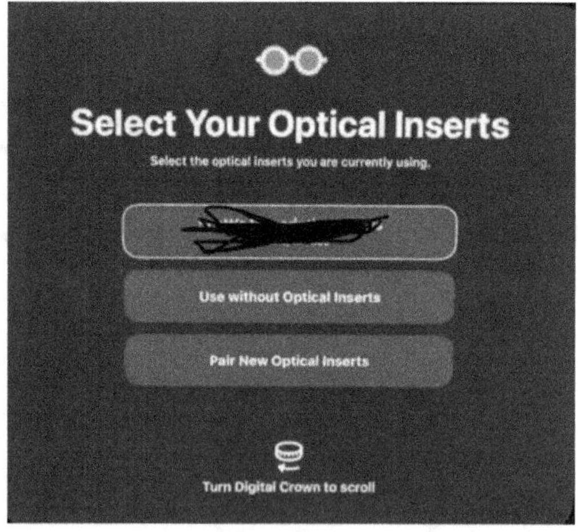

ACCÈS GUIDÉ

L'accès guidé est une fonction d'accessibilité que vous pouvez activer en appuyant trois fois sur la couronne numérique.. Avec l'accès guidé, vous pouvez verrouiller votre Vision Pro à une seule application et choisir ce que vous pouvez faire dans cette application. Ainsi, vous ne serez pas distrait par d'autres choses.

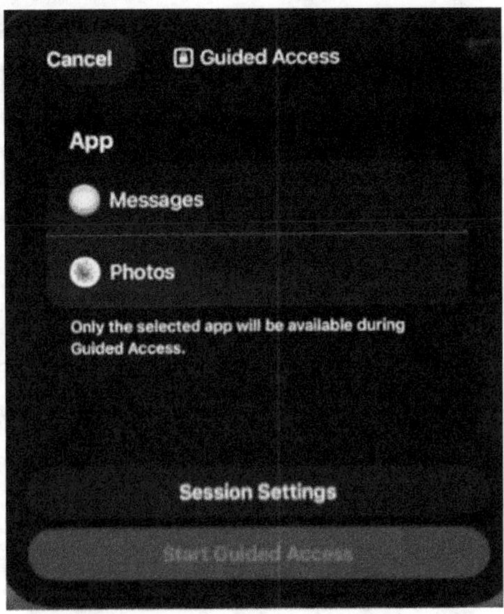

DACTYLOGRAPHIE

Il existe plusieurs façons de taper sur le Vision Pro :

1. Avec le clavier virtuel, il y a deux façons de procéder : soit vous regardez une lettre et vous la pincez pour la sélectionner, soit vous tapez d'une seule main en appuyant sur la lettre. Cela fonctionne assez bien, mais c'est certainement la méthode la plus lente des deux.

2. Parler au texte - C'est le moyen le plus rapide pour la plupart des gens. Lorsque le clavier s'affiche, il suffit de sélectionner le micro-

phone et de dire ce que vous voulez que le texte dise.

3. Utiliser un clavier Bluetooth c'est de loin la meilleure méthode et la plus rapide, mais cela signifie que vous devez également emporter un clavier si vous voyagez.

DÉPLACEMENT, REDIMENSIONNEMENT ET FERMETURE DES FENÊTRES

Il reste une dernière chose à aborder avant de passer à la présentation du système d'exploitation : Redimensionner, déplacer et fermer les applications.

REDIMENSIONNER LES FENÊTRES

Si vous regardez dans le coin d'une fenêtre, vous verrez une ligne courbe sur le bord de la fenêtre. Vous pouvez pincer vos doigts et les déplacer vers l'intérieur ou l'extérieur pour redimensionner la fenêtre.

DÉPLACER ET FERMER DES APPLICATIONS

Pour déplacer une application, utilisez la ligne située sur le bord inférieur de n'importe quelle fenêtre. Pour fermer l'application, tapez sur le cercle situé à côté de la ligne (qui se transforme en X lorsque vous le survolez).

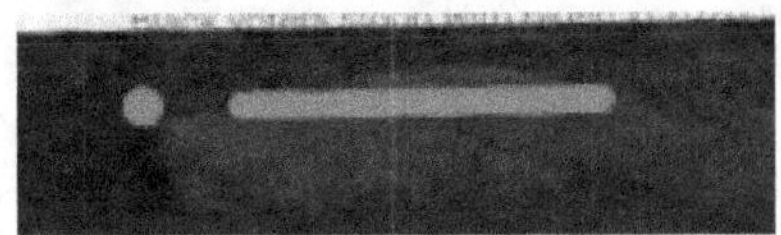

Si vous êtes dans un environnement immersif, recherchez les boutons de retour, généralement dans le coin supérieur gauche. En cas d'échec, utilisez le raccourci Forcer la fermeture (appuyez simultanément sur le bouton supérieur et la couronne numérique et maintenez-les enfoncés). en même temps)

ÉCRAN D'ACCUEIL PRINCIPAL ET NAVIGATION

Commençons par découvrir le système d'exploitation qui se cache derrière le casque. Je ferai de mon mieux pour prendre des captures d'écran propres et régulières, mais en raison de la nature de l'appareil, les choses ne sont pas toujours aussi claires que les captures d'écran sur iOS et iPadOS. En effet, Vision Pro se concentre sur ce que vous regardez - vous ne le remarquez pas en raison du fonctionnement de nos yeux, mais vous le verrez lorsque vous ferez des captures d'écran. Ne vous fiez pas aux images, elles sont beaucoup plus nettes lorsque vous les regardez.

La première fois que vous terminez la configuration, vous voyez trois rangées d'applications. C'est votre écran d'accueil. Il ressemble beaucoup à celui de l'iPad ou de l'iPhone, n'est-ce pas ? Vous trouverez de nombreuses similitudes entre visionOS et iOS, iPadOS, et même macOS et watchOS.

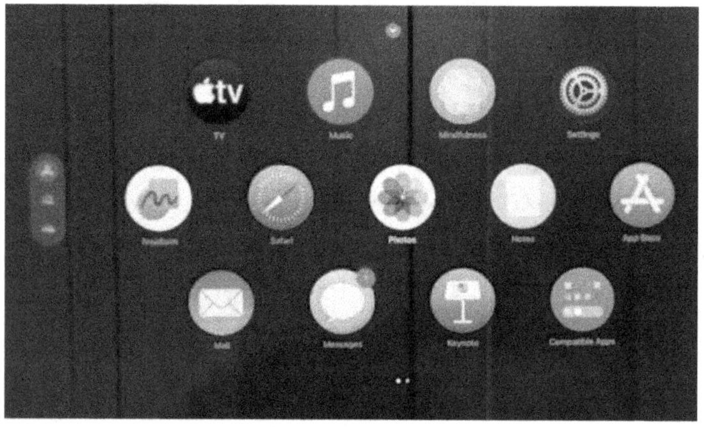

Quelques informations sur l'écran d'accueil :
- Le premier groupe d'applications est celui des applications créées par Apple.
- Les applications sont classées par ordre alphabétique (à l'exception de celles conçues par Apple, qui sont toujours les premières à apparaître).
- Les applications ne peuvent pas être organisées ou regroupées (à l'exception du dossier des "applications compatibles",

qui sont des applications provenant d'iOS ou d'iPadOS).

Ces contraintes ne sont pas rédhibitoires, mais elles sont gênantes et il ne vous faudra pas longtemps pour vous plaindre de vouloir que les choses fonctionnent différemment. Il est fort probable qu'une prochaine mise à jour abordera ce problème.

Voici l'autre chose à savoir sur le menu Accueil : une pression sur la couronne digitale recentre l'écran d'accueil. Ainsi, si vous vous retournez et que vous souhaitez que l'écran d'accueil se trouve au nouvel endroit, il vous suffit d'appuyer sur la couronne digitale.

Sur le côté gauche se trouve le menu Accueil. Il contient trois éléments : Apps, Personnes et Environnements.

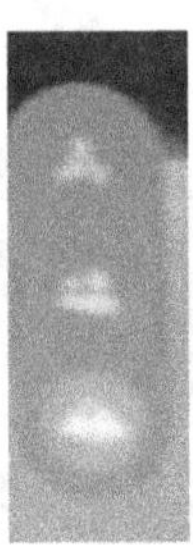

Applications est le menu présenté ci-dessus. Personnes correspond à vos contacts favoris. Vous pouvez utiliser le + pour ajouter ou trouver quelqu'un - c'est également ainsi que vous passez un appel FaceTime. FaceTime. Il vous suffit d'ouvrir le contact et d'appuyer sur FaceTime.

Environnements est l'une des fonctions les plus intéressantes du casque, à mon avis. Elle vous permet de transformer votre environnement en un environnement immersif. Vous pouvez ainsi avoir l'impression de travailler à la plage ou à la montagne. Cela donne vraiment l'impression d'être dans la vie.

ENVIRONNEMENTS DISPONIBLES

Vous trouverez ci-dessous une liste de tous les environnements disponibles et d'autres seront bientôt disponibles :

- Haleakalā
- Yosemite
- L'arbre de Josué
- Mont Hood
- La lune
- Plage
- Sables blancs
- Lumière d'hiver
- Lumière d'automne
- Lumière d'été
- Lumière de printemps

SUPPRESSION APPLICATIONS

Vous pouvez supprimer une application en appuyant sur l'application que vous souhaitez supprimer et en la maintenant enfoncée. Cela la supprimera du Vision Pro, mais elle peut toujours être téléchargée gratuitement à partir de la boutique d'applications.

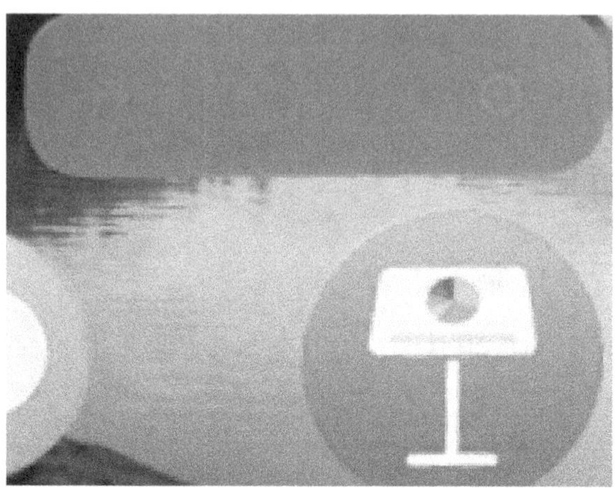

Utilisation de la couronne numérique

Lorsque vous sélectionnez un environnement, vous pouvez utiliser la couronne numérique pour régler le degré d'immersion. Plus vous tournez la couronne, plus l'immersion est importante. Si vous la tournez à fond, l'environnement est désactivé. En l'activant à fond, l'environnement remplit tout : regardez en haut, en bas, à gauche et à droite, et vous le verrez. Encore plus cool, si vous l'activez à fond, vous entendrez même le son de l'environnement.

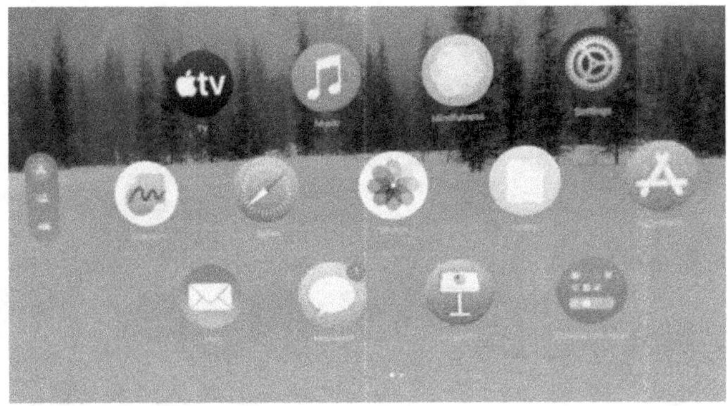

Selon l'heure de la journée, votre environnement sera également clair ou sombre ; vous pouvez régler cela dans le Centre de contrôledont je parlerai plus loin.

Ce qui est vraiment génial dans ces environnements immersifs, c'est que lorsque quelqu'un vous parle, il commence automatiquement à s'effacer pour que vous puissiez le voir ! (c'est un paramètre que vous pouvez désactiver). Vous pouvez les supprimer en tournant à nouveau la molette.

CENTRE DE CONTRÔLE

Centre de contrôle est accessible à tout moment en levant les yeux. Vous verrez une toute petite boîte - si petite que vous pourriez même la manquer ! Tapez dessus pour commencer.

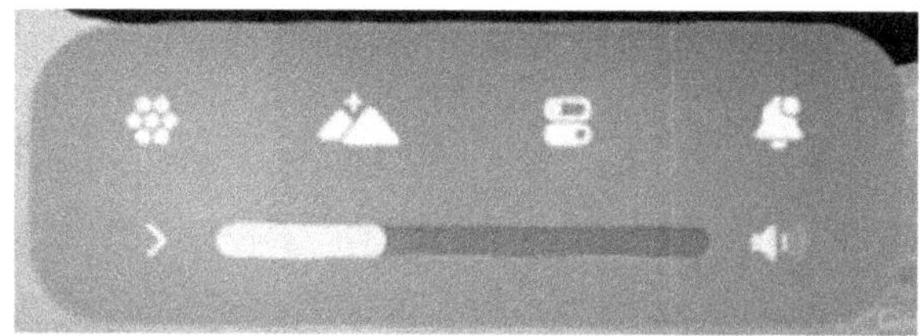

Une boîte contenant quatre icônes et un curseur de volume s'affiche. La première icône vous ramène à l'écran d'accueil. La deuxième icône correspond aux environnements. Vous accédez ainsi au menu permettant de modifier vos environnements, par exemple si vous souhaitez le mode Sombre ou Automatique.

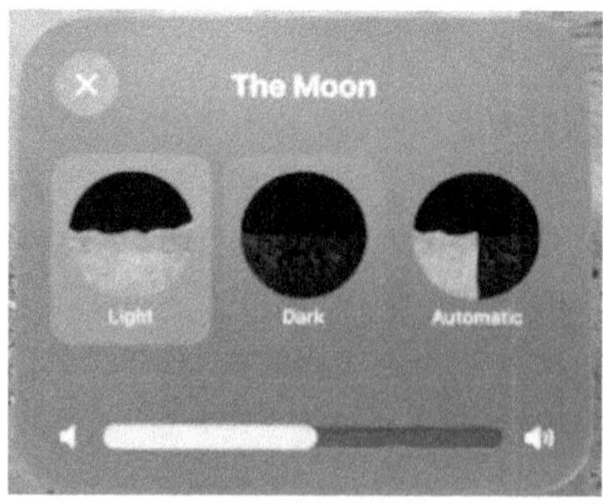

La dernière option (nous reviendrons sur la troisième dans un instant) est le Centre de notifications ; le mien est vide, mais si j'en avais, elles s'afficheraient ici.

Enfin, la troisième icône permet d'accéder au Centre de contrôle. Le centre de contrôle, comme sur l'iPhone ou l'iPad, est l'endroit où se trouvent tous vos raccourcis de contrôle.

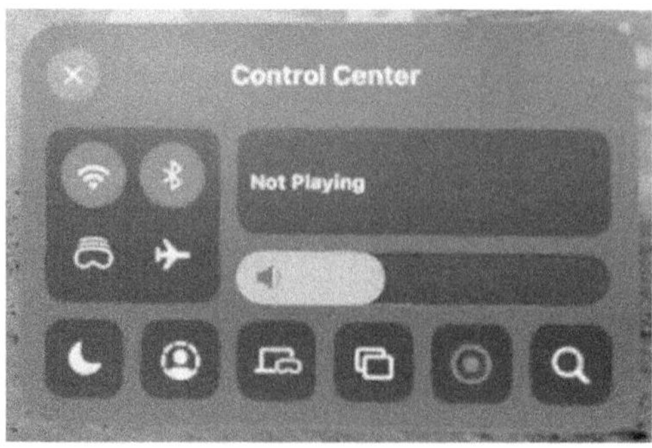

Les quatre premières icônes permettent d'activer et de désactiver certaines fonctions. Vous savez sans doute que la première sert à désactiver le Wi-Fi et que celle qui se trouve à côté désactive le Bluetoothet vous connaissez probablement l'avion, qui représente le mode Avion. avion. Mais que se passe-t-il avec cette icône qui ressemble à la Vision Pro ? C'est le mode voyage. Il est conçu pour les *voyages en avion.* L'accent est mis sur le vol, car ce mode n'est pas destiné à la conduite ou à toute autre activité. Apple précise qu'il n'est destiné qu'au vol et qu'il ne faut pas l'utiliser en cas de turbulences. En mode voyage, le Vision Pro s'efforce de stabiliser votre expérience.

L'option En cours de lecture vous indique ce qui est en cours de lecture (s'il y a lieu) sur votre Vision Pro ; le curseur de volume situé en dessous permet de régler le volume de la lecture.

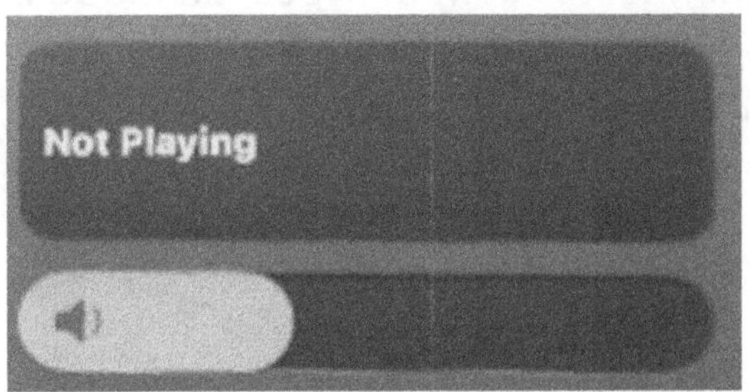

Ensuite, examinons les six icônes du bas. La première met l'appareil en mode de focalisation différente. Elle met les notifications en pause pendant une durée déterminée.

La deuxième icône est celle du mode invité. Vous aurez probablement beaucoup de demandes pour celui-ci. C'est le cas lorsque quelqu'un dit : "Hé ! Est-ce que c'est un Vision Pro ?! Je peux l'essayer ?!"

Lorsque vous activez le mode invité, il vous est demandé ce que la personne peut voir. Le mode invité ne revient pas à remettre un iPad dont toutes les fonctionnalités sont activées. Le mode invité vous permet de décider ce qu'un utilisateur peut ou ne peut pas voir.

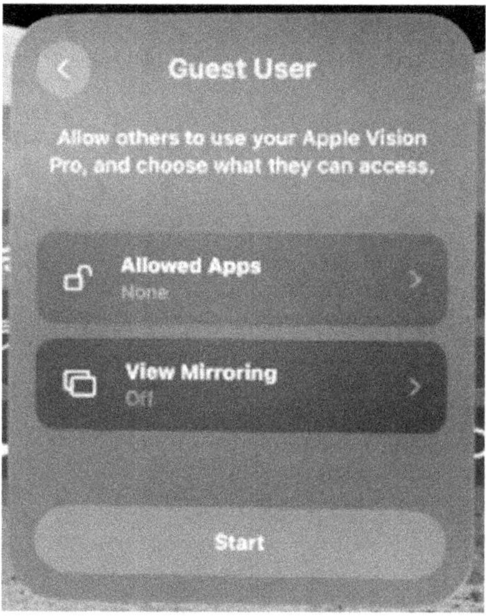

Dans Apps autoriséesvous pouvez décider si l'utilisateur verra tout ou seulement les applications que vous lui avez ouvertes.

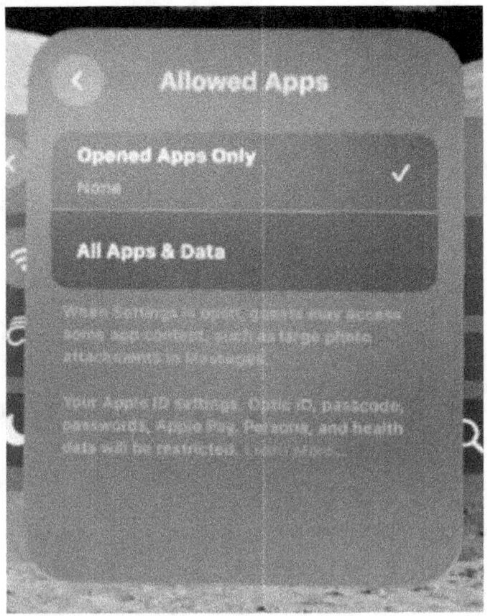

Une fois que vous aurez appuyé sur le bouton de démarrage, la personne aura cinq minutes pour commencer sa session ; elle devra passer par un processus d'installation qui prendra quelques minutes (et non, malheureusement, cela ne peut pas être sauvegardé).

Il y a une autre fonctionnalité intéressante à prendre en compte avant de la confier à un tiers : Miroir de visualisation. Lorsque vous sélectionnez cette option, vous pouvez mettre en miroir la Vision Pro sur un iPad ou un Mac compatible, afin que vous puissiez regarder ce qu'ils font et les aider s'ils sont bloqués.

Je reviendrai sur l'icône suivante un peu plus tard dans le livre, mais il s'agit d'apporter un Mac à votre Vision Pro.

Assurez-vous simplement qu'il est proche et qu'il se trouve sur le même réseau.

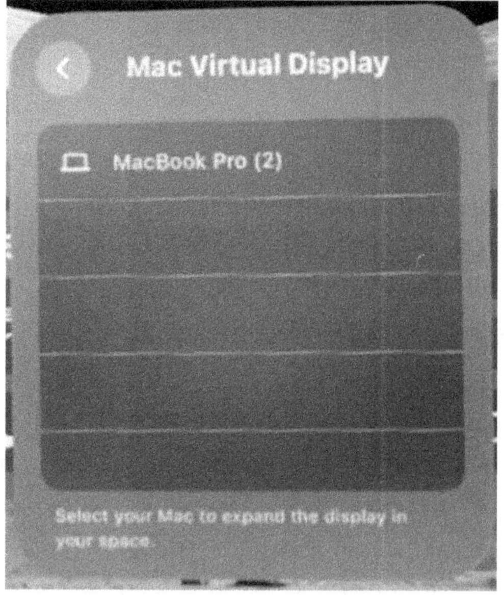

L'icône suivante vous permet de faire miroiter votre Vision Pro sur un appareil AirPlay afin que d'autres personnes puissent voir ce que vous voyez.

J'ai mentionné plus haut dans ce chapitre comment faire une capture d'écran. Cette option va encore plus loin en vous permettant d'effectuer un enregistrement d'écran.

Enfin, la dernière option est la recherche, qui vous permet de trouver rapidement des applications et des documents sur votre Vision Pro.

Vous connaissez maintenant les principes de base du Vision Pro. Il est vraiment intuitif, et vous serez surpris de voir tout ce que vous savez sans même le savoir. Nous allons maintenant passer en revue les principales applications du Vision Pro.

CONNEXION À UN MAC

La connexion à un Mac peut se faire de deux manières : la première consiste à passer par le Centre de contrôle (mentionné ci-dessus) ; la seconde, plus rapide, consiste à regarder votre Mac.

Vous avez bien lu ! Il suffit de regarder votre Mac et Vision Pro comprendra ce que vous voulez dire. Au-dessus de l'écran de votre Mac, il y aura l'option de connexion.

La plupart du temps, j'ai trouvé que cela fonctionnait assez bien. Mais il est arrivé qu'il ne s'affiche pas, puis que j'aille dans le Centre de contrôle et il ne s'affichait pas.

Ce n'est pas une cause perdue. Si je vais dans le Centre de contrôle sur mon Macbook, et que je clique sur Screen Mirroringmon Visio Pro s'affiche.

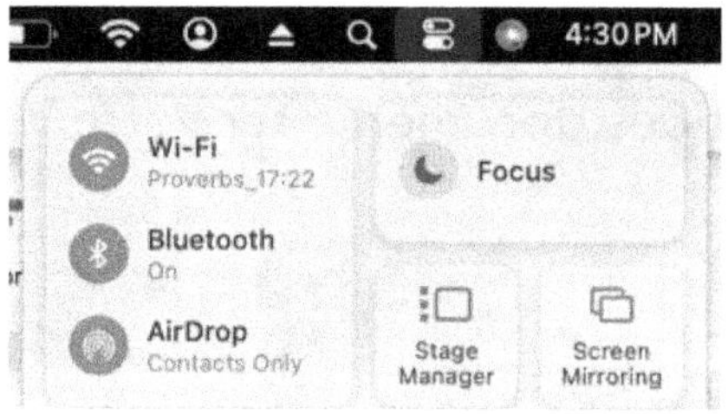

Une fois que j'ai cliqué sur ce bouton, l'image s'est affichée sur mon écran en quelques secondes. Ce n'était donc pas toujours parfait, mais une fois qu'il était là, il fonctionnait exactement comme je l'espérais, dans une magnifique qualité 4K.

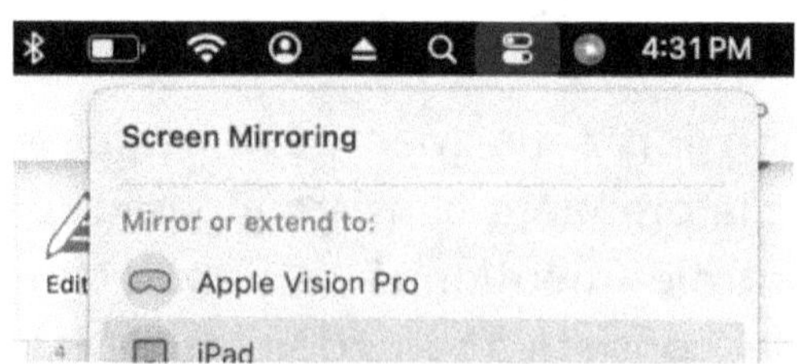

Vision Pro est un appareil innovant qui pourrait un jour remplacer nos ordinateurs et même nos bureaux, mais il présente encore certaines limites. Voici quelques points à garder à l'esprit, en espérant qu'ils seront améliorés au fil du temps :

- Vous ne pouvez connecter qu'un seul Mac à la fois. J'en ai un pour la maison et un pour le travail, et il serait pratique de les avoir ensemble dans le même espace.
- Vous n'avez qu'un seul écran. Vous pouvez créer plusieurs fenêtres, mais elles sont toutes sur le même écran. Oui, votre écran est immense, mais vous voudrez peut-être encore faire glisser des objets hors de votre ordinateur et dans votre environnement.
- Si vous n'utilisez pas le clavier et la souris de votre Mac, vous risquez d'avoir du mal à naviguer. Je cache mon dock et je n'ai pas trouvé de moyen de le faire apparaître sans utiliser le trackpad.
- Votre espace de travail n'est pas sauvegardé lorsque vous éteignez votre Vision Pro. J'ai tout bien organisé - l'horloge ici, les équipes ici, Slack de l'autre côté - puis j'ai éteint l'appareil pour la journée. Lorsque je l'ai rallumé, j'ai dû tout réorganiser. Cela ne se produit pas si vous le mettez en veille.

- Lors du défilement, j'ai parfois ressenti un décalage - le défilement était trop lent.

Il ne faut pas oublier qu'il s'agit d'un produit Day One. Il s'améliorera de plus en plus. Pour ma part, j'ai constaté que certaines tâches dans Vision Pro me rendaient plus productif. Pour d'autres, comme l'écriture, je préférais encore ne pas l'utiliser.

Cela dit, il y a une chose que j'ai moins ressentie : la fatigue cervicale. J'aime utiliser mon ordinateur portable sur mes genoux, ce qui signifie que je regarde souvent vers le bas. Avec le Vision Pro, j'ai constaté que mon cou était mieux aligné, même si j'étais dans une position détendue. Certaines personnes se plaignent du poids de l'ordinateur, mais personnellement, je le remarque à peine et je n'ai aucun problème à l'utiliser pendant de longues périodes.

J'ai également utilisé le Meta Quest 3 pour le travail. Je ne peux pas dire la même chose de cette expérience. C'était compliqué de connecter mon Mac, l'image n'était pas claire et j'ai eu l'impression d'être moins productif.

[4]

LES APPLICATIONS

Le premier jour, le Vision Pro comptait environ 600 applications conçues uniquement pour visionOS ; cela semble beaucoup, mais si l'on considère que l'iPad en compte plus d'un million, ce chiffre semble soudain plus petit. Mais voici la bonne nouvelle : premièrement, et c'est le plus important, la plupart des applications iPad sont compatibles avec visionOS et, tant que le développeur ne les a pas désactivées, elles seront présentes dans la boutique (la raison pour laquelle vous ne voyez pas d'applications telles que Netflix, Spotify et YouTube n'est pas qu'elles ne sont pas compatibles, c'est qu'elles ont été désactivées par les entreprises).

L'autre bonne nouvelle, c'est que les développeurs semblent vraiment enthousiastes à l'idée de développer pour la Vision Pro et de repousser les limites de ses capacités.

Enfin, les applications déjà présentes sur le Vision Pro sont bonnes. Ce livre couvre les applications installées par Apple, mais il en existe bien d'autres sur l'app store.

APPLE TV

Apple TV est la première icône que vous verrez dans votre menu d'accueil ; elle sera probablement l'une de vos préférées car c'est là que se trouvent la plupart des films en 3D. Elle offre également la meilleure expérience de visionnage de films. Disney+ vous permet de changer d'environnement, mais Apple TV vous permet de changer la position du siège.

Le menu Apple TV sur le côté gauche est divisé en sept options :

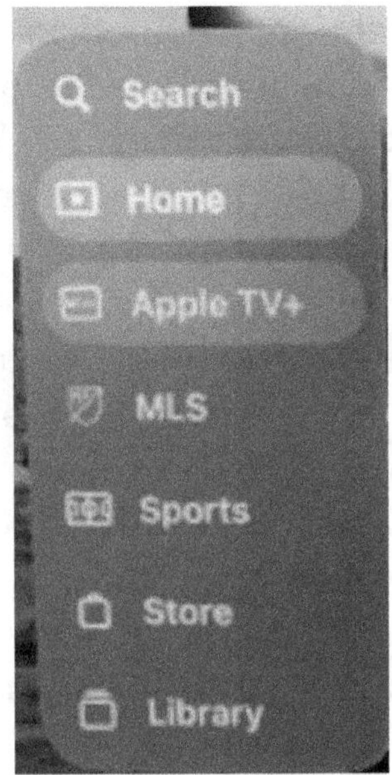

- **Recherche** - La première option vous permet de rechercher tous vos contenus multimédias. Vous pouvez également rechercher des genres ou même des formats (comme la 3D).

- **Accueil** - La zone principale Accueil de l'application est une tentative d'Apple de faciliter le visionnage des médias ; en dessous des promos de contenu, vous verrez Up Next qui est une recommandation de ce que l'on pense que vous regarderez ensuite en fonction de ce que vous avez regardé dans le passé. Ainsi, s'il y a une nouvelle émission de télévision que vous avez l'habitude de regarder, elle apparaîtra ici. Et il ne s'agit pas seulement d'une émission télévisée sur Apple TV- mais aussi sur Peacock, Max ou pratiquement n'importe où ailleurs.

- **Apple TV+** - C'est ici qu'Apple a dépensé beaucoup d'argent. Il est sous-estimé, à mon avis ; il n'y a peut-être pas autant de contenu que Netflix ou Disney+, mais le contenu qui s'y trouve est bon - certains des meilleurs contenus sur la télévision. Si vous n'avez jamais essayé des émissions comme *For All Mankind*, c'est le moment idéal - et c'est une émission qui est faite pour ce type de visionnage.

- **MLS** - Apple a un contrat avec MLS et le contenu s'affiche ici.

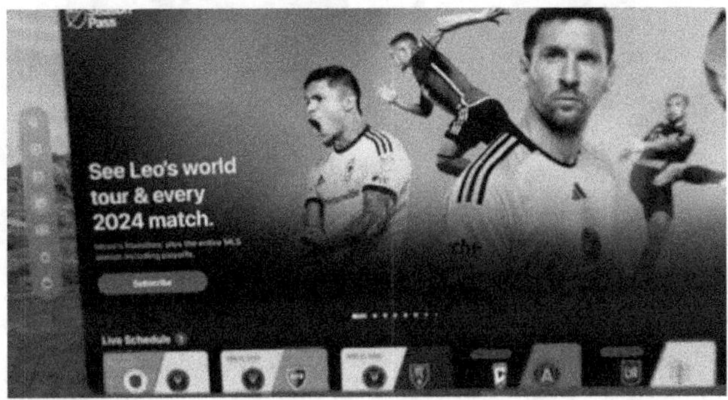

- **Sports** - Apple a travaillé sur plusieurs licences sportives qui apparaîtront ici.

- **Store** - Apple a déjà vendu des films et des émissions de télévision par l'intermédiaire de l'iTunes **Store**. TV par l'intermédiaire de l'application iTunes qui a disparu quelques mois avant le lancement de Vision Pro. Désormais, tout ce que vous souhaitez acheter se trouve dans l'application Apple TV de l'Apple TV.

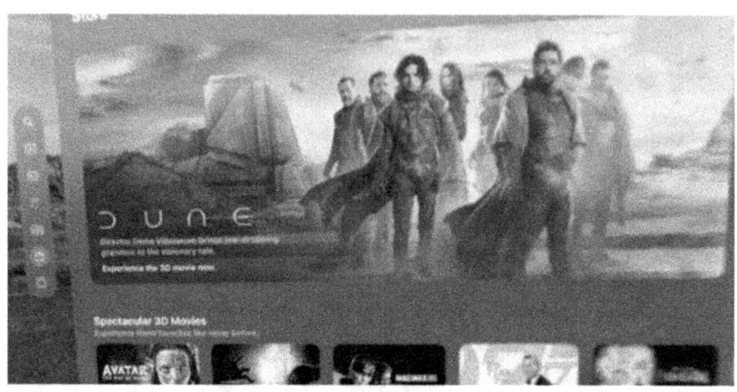

- **Bibliothèque** - Chaque fois que vous achetez quelque chose (ou tout ce que vous avez acheté par le passé) apparaît ici. L'une des meilleures choses : le contenu que vous avez acheté par le passé et qui est disponible en 3D vous est offert gratuitement. Ainsi, si vous avez acheté Avatar il y a quelques années dans le format normal, il est maintenant disponible en 3D.

VISIONNER DES FILMS

Dans cette section, je vous montrerai à quoi ressemble l'interface de visualisation de l'Apple TV Malheureusement, aucun film ne s'affiche en raison des droits d'auteur.

Dans la partie supérieure de l'écran se trouve l'icône de retour (pour quitter un film), l'icône d'environnement et l'icône de volume. En bas de l'écran se trouvent les options Avancer de 10 secondes, Pause, Reculer de 10 secondes et Options supplémentaires.

Les options supplémentaires concernent la vitesse de lecture, les langues, les sous-titres et l'atténuation automatique (si vous regardez un film tout en travaillant, vous pouvez décocher cette option).

Lorsque vous cliquez sur Environnementsvous pouvez choisir de rester dans votre environnement ou de vous rendre dans un cinéma. C'est dans l'environnement Cinéma que les choses deviennent vraiment cool.

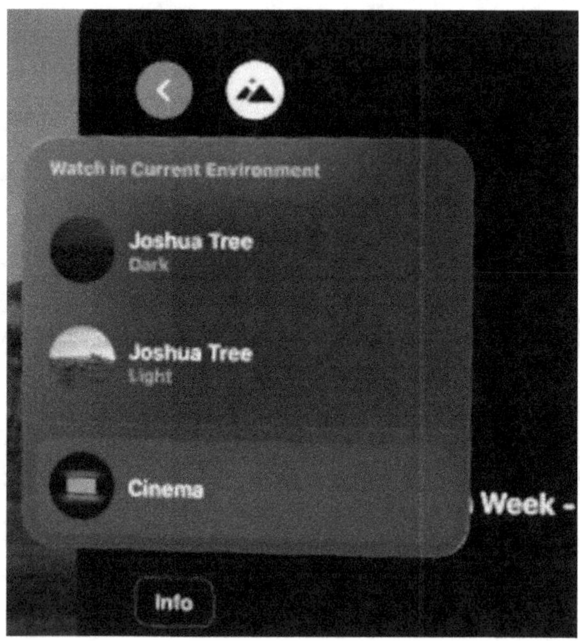

Lorsque vous sélectionnez Cinéma, vous pouvez choisir la rangée dans laquelle vous voulez vous asseoir (devant, au milieu, derrière) et la hauteur à laquelle vous vous trouvez (parterre ou balcon).

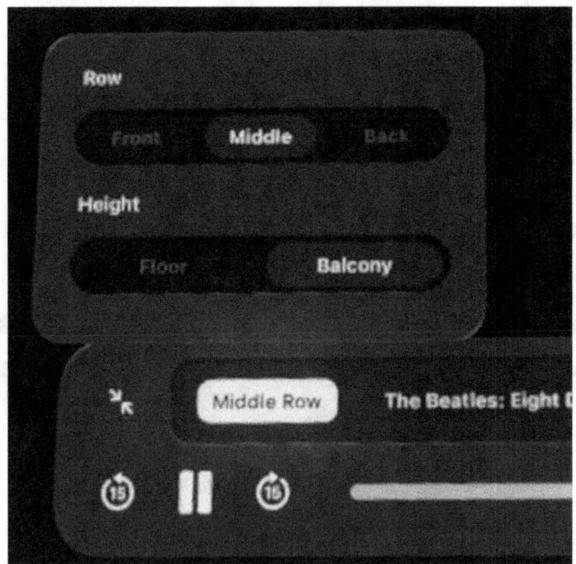

MUSIQUE

Il n'y a peut-être pas (encore) d'application Spotify sur le Vision Pro (pour l'instant), mais Apple a inclus sa propre application concurrente et si vous êtes déjà investi dans l'écosystème Apple, vous devriez certainement la consulter ; personnellement, ma maison a le service Apple One qui comprend Apple MusicAPPLE MUSIC, TVArcadeTV, Arcade, Newset Fitness ; c'est un excellent service si vous appréciez Apple.

Apple Music commence actuellement à 10,99 $ (5,99 $ pour les étudiants) ; Apple One commence actuellement à 19,95 $; le prix de chaque service augmente en fonction de ce que vous obtenez - famille ou non-famille par exemple, ou si vous voulez quelque chose comme Fitness+ (qui, malheureusement, n'est pas encore inclus dans l'application Vision Pro pour le moment).

Voyons à quoi ressemble Apple Music sur le Vision Pro.

Vision Les applications professionnelles ont adopté un modèle de conception assez standard dans lequel les menus se trouvent sur le côté gauche. Ainsi, à chaque fois que vous souhaitez afficher des menus, commencez par regarder à gauche.

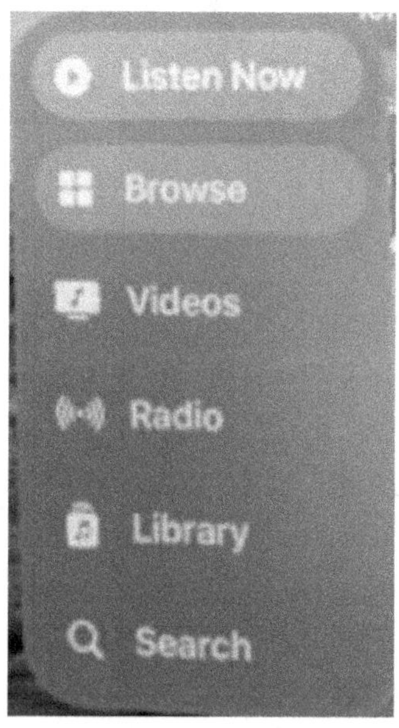

La barre de menu de la Vision Pro ressemble beaucoup aux options disponibles sur l'iPad et l'iPhone - c'est un point que vous entendrez souvent dans ce livre, car Apple a intentionnellement essayé de rendre l'expérience aussi similaire que possible, ce qui la rend remarquablement facile à prendre en main si vous êtes déjà familier avec iOS ou iPadOS.

Les options du menu sont les suivantes :

- **Listen Now (Écouter maintenant)** - il s'agit de la zone principale, qui ressemble à la page d'accueil pour les recommandations et les morceaux récemment écoutés.

- **Parcourir** - Vous permet de voir la musique selon différentes catégories / genres et recommandations ; si vous souhaitez écouter de la musique en Spatial audio (un format qui tire parti des haut-parleurs de la Vision Pro), vous la trouverez ici.

- **Vidéos** - Cet espace est consacré aux vidéos musicales.

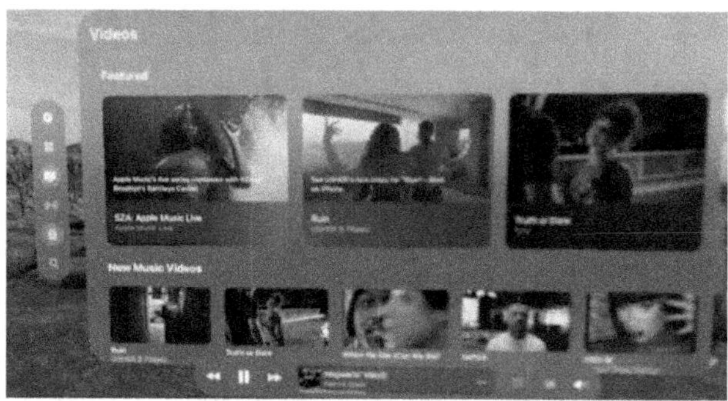

- **Radio** - Si vous ne savez pas ce que vous cherchez, la zone Radio propose différentes stations sans publicité dans plusieurs genres différents, sélectionnées par Apple.

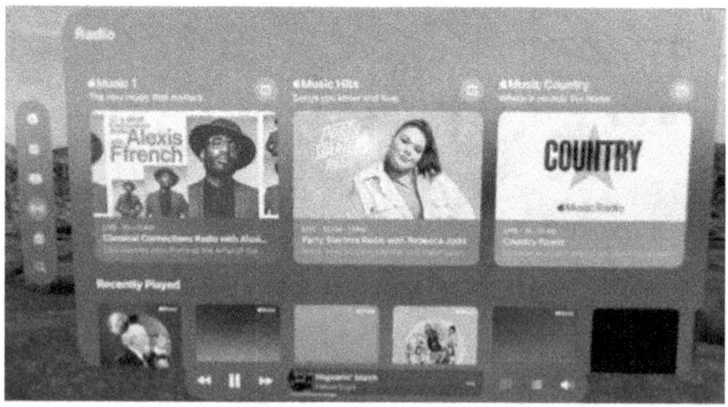

- **Bibliothèque** - Si vous possédez de la musique, vous la trouverez ici. C'est également ici que vous trouverez vos listes de lecture.

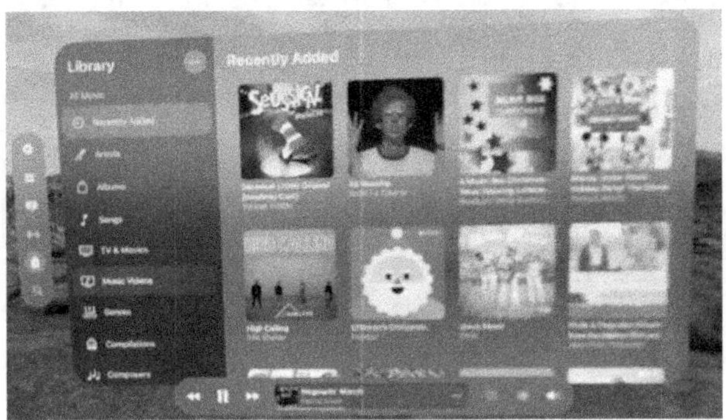

- **Recherche** - La recherche vous permet de rechercher des artistes et des genres différents.

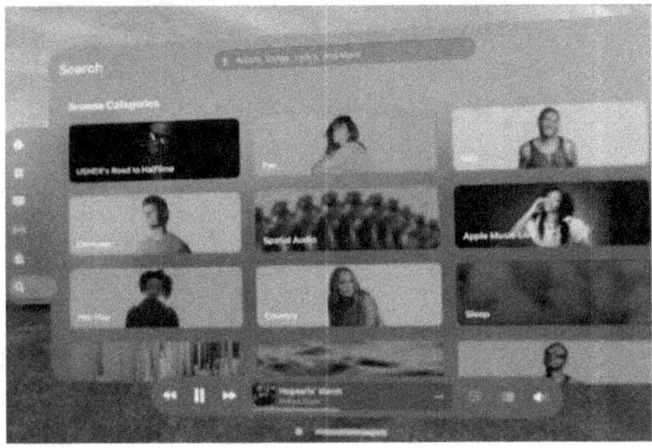

JOUER DE LA MUSIQUE

Lorsque vous écoutez de la musique, celle-ci s'affiche dans la barre inférieure ; quelques options s'offrent à vous pendant la lecture.

En appuyant sur les trois points, par exemple, vous pourrez l'ajouter à votre bibliothèque, créer une station, etc.

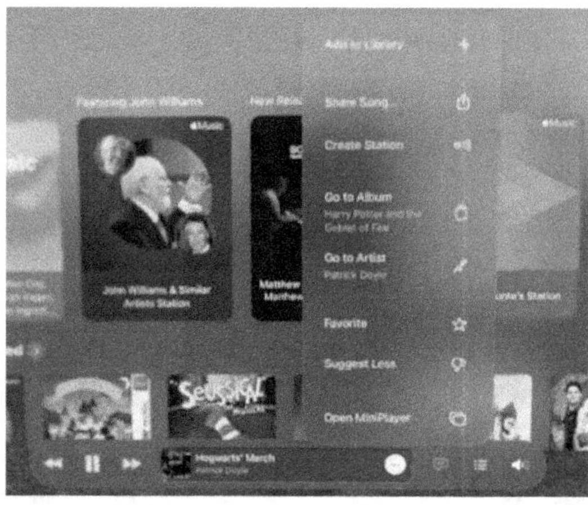

En tapant sur la chanson, vous verrez l'album ou l'artiste.

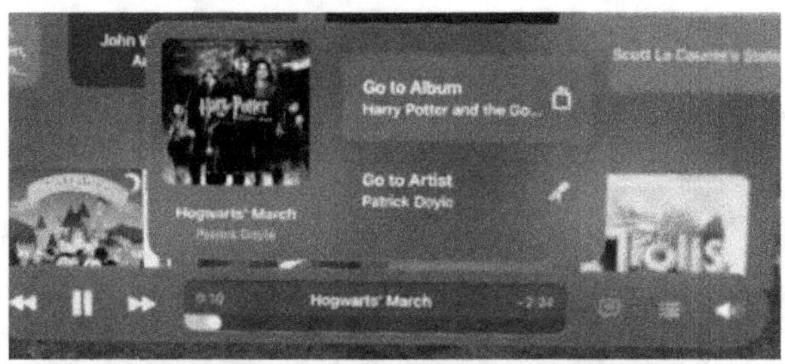

LA PLEINE CONSCIENCE

L'une des choses qu'Apple a mises en avant lors de la présentation du Vision Pro était la médiation. À bien des égards, c'est l'expérience parfaite pour le Vision Pro, car le casque peut être si... isolant.

Si vous avez besoin de vous détendre, le Mindfulness est la solution d'Apple. Il est magnifique dans sa simplicité.

Lorsque vous ouvrez l'application, elle vous demande combien de temps vous voulez le faire, puis elle vous dit "commence". C'est tout. Comme je l'ai dit, c'est très simpliste.

Si vous appuyez sur le nombre de minutes, vous aurez la possibilité de modifier à la fois le temps et l'instructeur. Il existe également une option d'auto-apprentissage si vous souhaitez vous débrouiller seul.

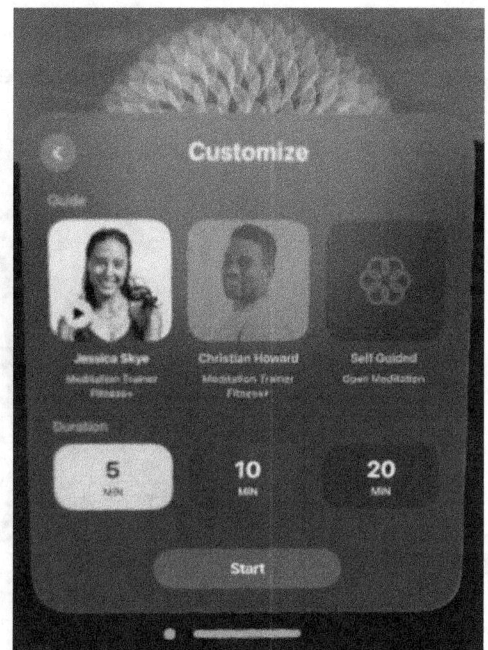

Au fur et à mesure de la méditation, vous verrez une balle entrer et sortir pour vous aider à visualiser votre respiration.

Une fois la médiation terminée, vous pouvez ajouter des informations pour suivre votre session.

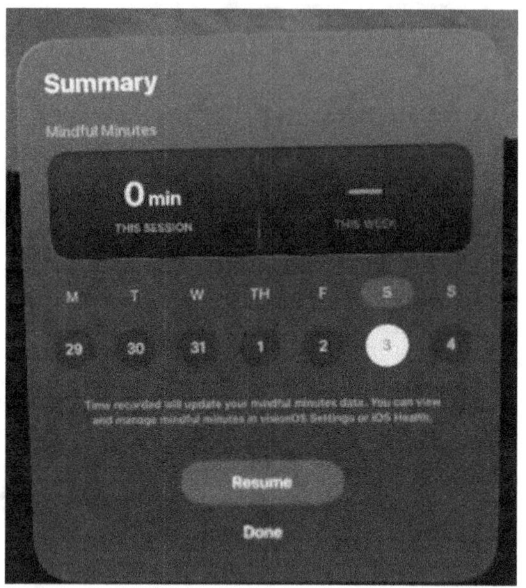

FREEFORM

Freeform a été lancé sur Mac et iPadOS il y a quelques années, mais Vision Pro pourrait bien être l'endroit où il était destiné à être. Freeform est un tableau blanc numérique idéal pour la collaboration.

Les commandes sont très simples. Toutes les options sont affichées en bas de l'écran. Il existe
plusieurs séries de marchés, chacune pouvant avoir
une couleur différente.

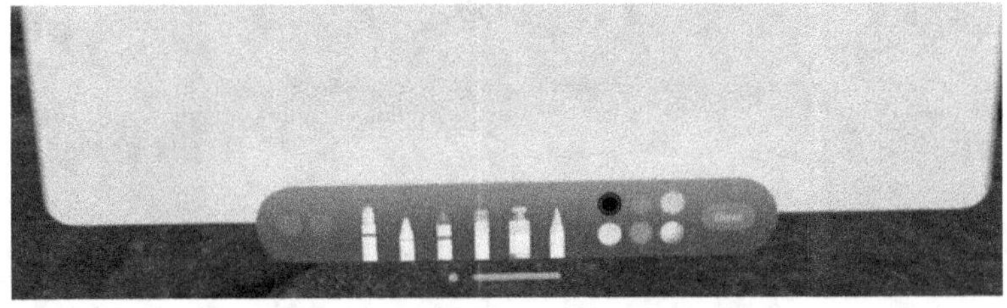

Vous pouvez pincer et faire glisser votre doigt
sur l'écran pour écrire (ou gribouiller dans mon exemple) avec le stylo sélectionné.

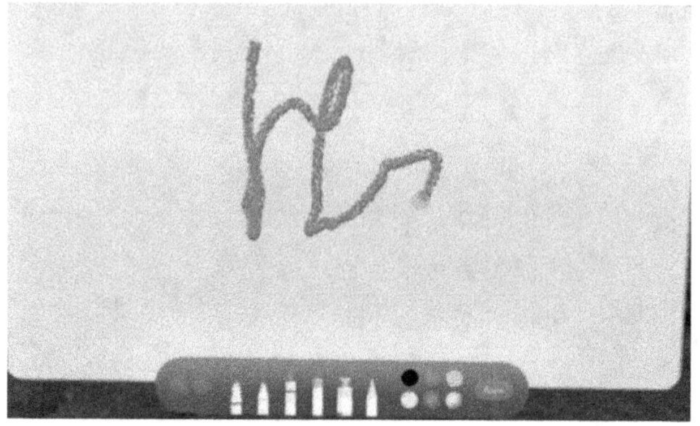

Vous pouvez également ajouter des objets ; vous pouvez faire glisser les coins vers l'intérieur ou l'extérieur pour les redimensionner. Vous pouvez également ajouter du texte.

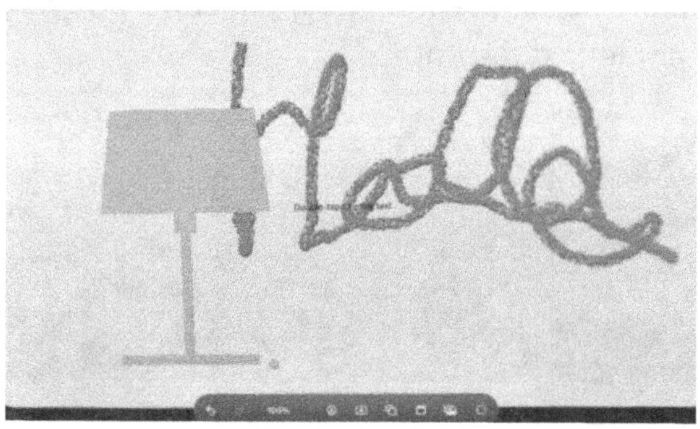

Et il y a des notes autocollantes que l'on peut mettre partout.

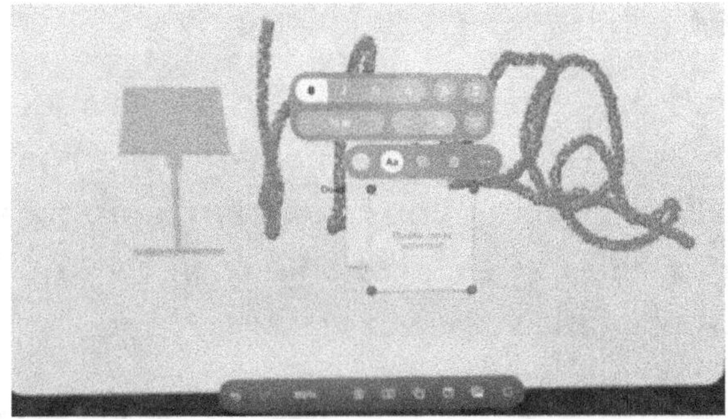

Vous pouvez bien entendu ajouter des images.

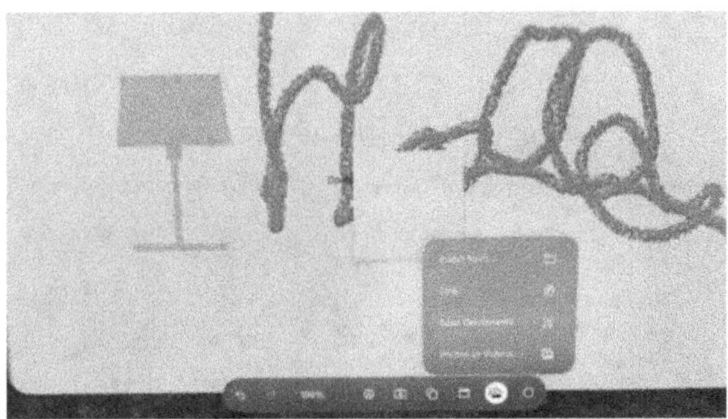

Une fois que vous avez terminé, vous pouvez appuyer sur le nom en haut pour le renommer ou l'exporter.

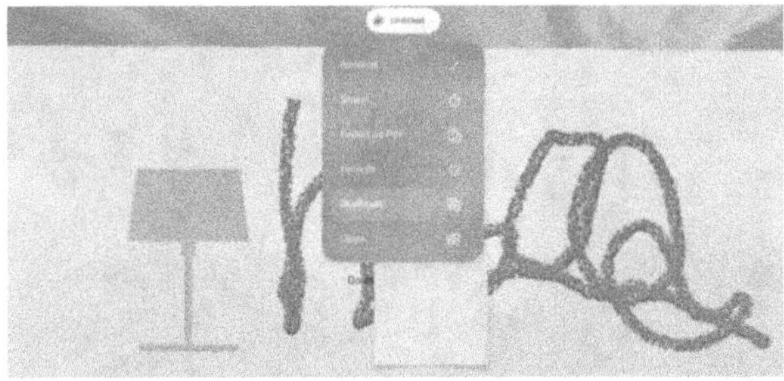

SAFARI

Safari est le principal moyen de naviguer sur Internet. À l'heure où nous écrivons ces lignes, c'est le meilleur choix si vous voulez une application Vision Pro. Firefox est disponible en tant qu'application compatible.

En survolant la section supérieure, vous verrez apparaître les onglets que vous avez ouverts. En appuyant sur l'icône +, vous ouvrirez un nouvel onglet.

Vous pouvez afficher tous vos onglets en appuyant sur la dernière icône à droite - elle ressemble à deux feuilles de papier empilées l'une sur l'autre.

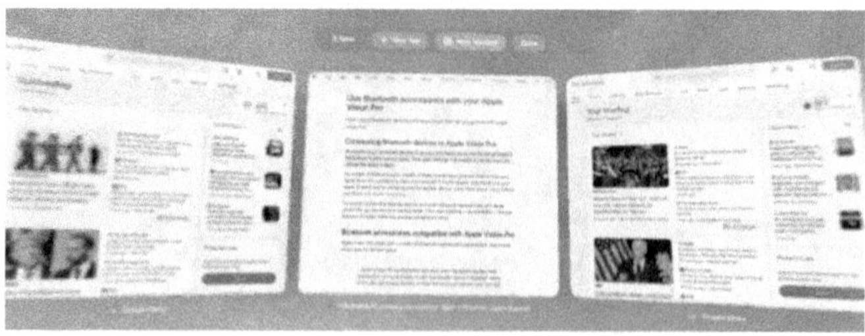

En appuyant sur l'icône AA, vous verrez toutes les options de page correspondant à ce que vous êtes en train de regarder.

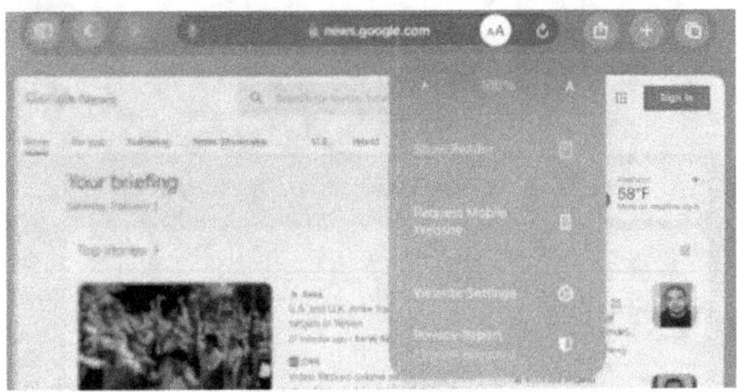

VISITE PRIVÉE

Pour afficher une page en mode privé (c'est-à-dire que votre historique n'est pas suivi), appuyez sur l'icône à l'extrême gauche pour faire apparaître la barre latérale, puis sélectionnez l'option Privé. Lorsque vous ouvrirez un nouvel onglet, il sera en mode privé. Pour revenir au mode normal, appuyez sur l'icône Vision Pro.

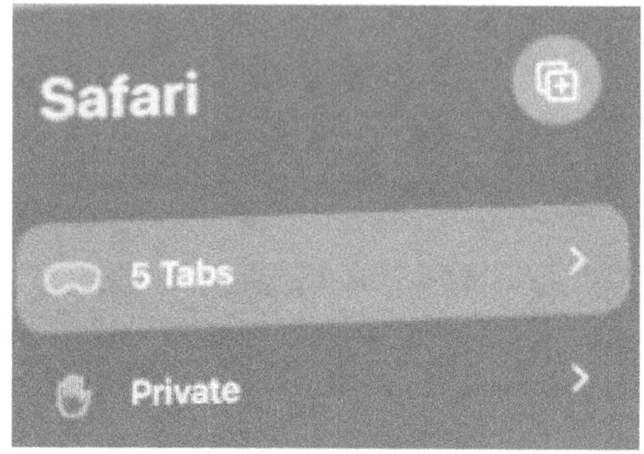

NOTES

Notes a également été optimisé pour Vision Pro, mais son aspect est presque identique.

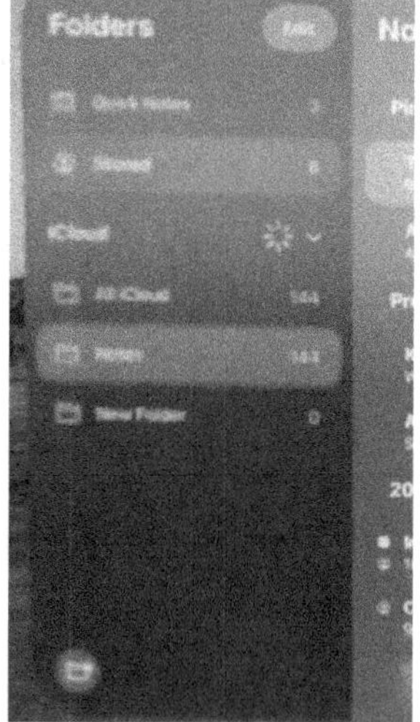

COURRIER

La consultation du courrier électronique sur le Vision Pro peut se faire sur le Web, mais si vous voulez le faire en mode natif, vous devrez soit vous procurer une application compatible conçue pour l'iPad, soit utiliser l'application Mail d'Apple. Cette dernière ressemble beaucoup à Mail sur n'importe quel autre produit Apple. Lorsque vous l'ouvrez, vous pouvez ajouter votre courrier électronique ; après avoir ajouté un compte, vous avez la possibilité d'en ajouter d'autres. Vous pouvez donc avoir plusieurs comptes de messagerie.

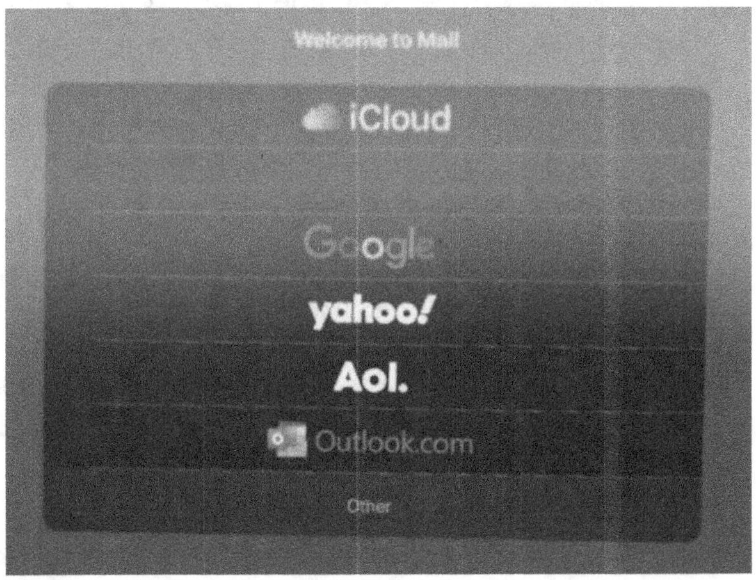

MESSAGES

Messages est presque identique à l'iPad, mais il est optimisé pour Vision Pro.

DISCOURS D'OUVERTURE

Keynote est la seule application iWork incluse dans la Vision Pro (bien que les applications iPad des autres applications soient prises en charge).

Quand vous verrez, je pense que vous comprendrez pourquoi. Pages et Numbers fonctionnent très bien en tant qu'applications pour iPad ; je suis sûr qu'à un moment donné, elles seront optimisées pour Vision Pro, et elles seront alors un peu plus utiles. Mais Keynote a vraiment été conçu pour la Vision Pro et, à mon avis, il donne l'un des meilleurs aperçus de l'avenir de ce type d'informatique. Elle montre ce qui pourrait devenir l'un des plus grands cas d'utilisation de la Vision Pro : l'éducation.

L'application elle-même est similaire à Keynote sur Mac ou iPad ; si vous l'avez déjà utilisée, elle vous conviendra parfaitement. Il ne s'agit pas d'un guide complet sur l'utilisation des applications, je ne vais donc pas détailler toutes les fonctionnalités, mais il y en a une en particulier que je souhaite mettre en avant : la réalisation de présentations.

Lorsque vous choisissez de vous entraîner à une présentation, vous avez la possibilité de répéter dans une salle de conférence ou dans l'auditorium de Steve Jobs !

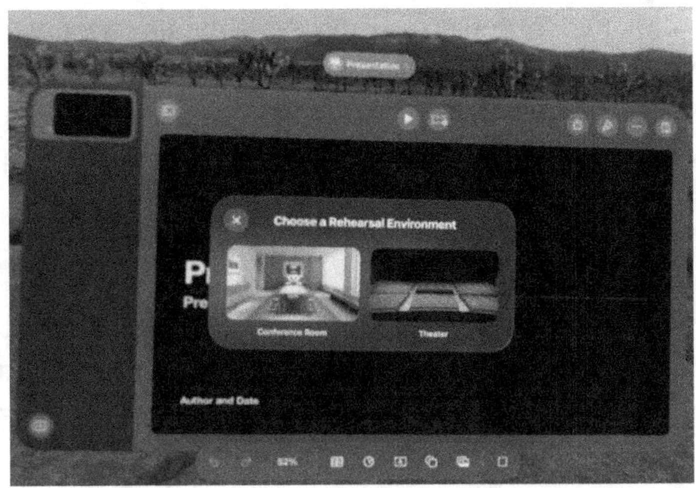

Dans les deux configurations, vous avez un aperçu de vos diapositives devant vous, et lorsque vous vous tournez derrière vous, vous voyez votre présentation. Vous avez vraiment l'impression d'être sur scène et de faire une présentation à une salle vide, et derrière vous, c'est ce que votre public vide voit.

C'est cool, mais pourquoi est-ce un aperçu de l'avenir ? Le Vision Pro en est au premier jour ; pensez à l'avenir - pensez aux enfants qui fréquentent actuellement l'école primaire et qui emporteront probablement un Vision Pro lorsqu'ils partiront à l'université. Mais revenons en arrière : auront-ils vraiment besoin d'aller à l'université ?

Et si ce que nous voyons ici était le mode présentateur, mais qu'à l'avenir il existait un "mode spectateur" ? Un mode qui vous permet d'entrer dans l'auditorium pour une conférence universi-taire, et vous pouvez vous tourner à droite et à gauche et voir vos pairs comme vous le feriez dans une salle de classe. Vous pouvez leur parler et même prendre des notes avec eux.

Nous n'en sommes pas encore là, mais cette ap-plication vous fera vous interroger sur la réalité de cette possibilité. Elle vous fera regretter de ne pas être un enfant pour apprendre l'art en visitant virtuellement des musées ou pour apprendre à connaître la lune en marchant dessus ! La Vision Pro vous rendra enthousiaste pour l'avenir et ce sont des applications comme Keynote qui vous aideront à le voir.

DOSSIERS

Si vous téléchargez des éléments sur l'internet (ou des pièces jointes à des courriers électroniques), vous pourrez les retrouver ici. Vous aurez également accès à tous vos documents dans le nuage. Malheureusement, il n'est pas très facile d'effectuer des recherches.

FACETIME ET PERSONAS

Si vous regardez le système d'exploitation Vision Pro OS, vous remarquerez rapidement qu'il n'y a pas d'application Facetime n'est pas présente. C'est une chose étrange, car l'application existe - vous ne trouverez simplement pas d'icône pour elle. Il n'y a pas non plus d'icône Téléphone - encore une fois, elle existe, mais il n'y a pas de raccourci pour elle.

Au lieu de cela, pour passer des appels vocaux ou Facetime vous devez aller dans la zone Personnes du menu Accueil, trouver la personne que vous voulez appeler et, sur sa fiche de contact, vous verrez l'option Facetine.

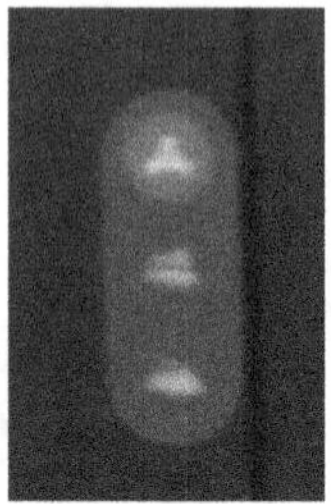

Je dis tout cela en guise de préambule à Personas; il n'y a pas d'application Personas, mais pour profiter des appels vidéo Facetime vous en aurez besoin.

Personasest en version bêta au moment où nous écrivons ces lignes. Ne vous laissez pas tromper par l'étiquette "bêta", car il fonctionne vraiment bien, en quelque sorte. Si vous n'avez pas encore essayé Vision Pro, vous avez probablement vu les mèmes de Personas ou peut-être entendu quelqu'un dire qu'il avait l'air bizarre. Il y a de fortes chances que vous ayez entendu cela de la part de quelqu'un qui ne l'a pas utilisé sur le Vision Pro et qui n'a vu qu'une photo. C'est vraiment quelque chose que vous devez expérimenter avec le casque pour l'apprécier pleinement.

Ma femme a ri quand je l'ai appelée ; elle a ri un peu trop longtemps ! Je suppose que j'aurais pu me coiffer. Je porte également un pull-over rose sur ma photo, mais pour une raison que j'ignore, il est assorti à ma peau et, à première vue, donne l'impression que je ne porte pas de chemise !

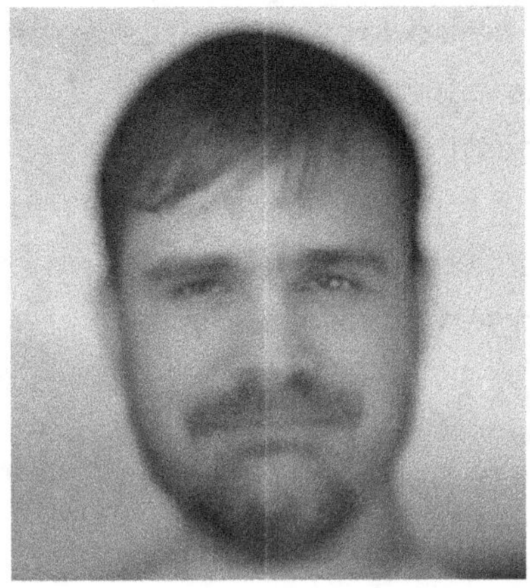

Voici l'une des choses les plus importantes que vous devez savoir sur les Personas: faites attention à ce que vous portez ! Si vous avez un col de chemise de travers, c'est ce que les gens verront jusqu'à ce que vous refassiez votre Persona. Personas est centré sur le visage, ce qui signifie que vos cheveux et vos vêtements paraîtront rigides.

Assurez-vous d'avoir un bon éclairage lorsque vous prenez votre photo pour Personas.. Si vous disposez d'une lampe de webcam, utilisez-la.

La création d'une Persona est assez rapide, alors expérimentez et amusez-vous. Prenez quelques photos et voyez celle que vous préférez.

Les environnements modifient également la façon dont les choses sonnent. Si votre environnement est extérieur, vous remarquerez un changement très subtil dans la façon dont vous parlez aux autres. De nombreux détails très précis ont été pris en compte dans cette expérience, et c'est l'un d'entre eux.

Pour les personnes que vous appellerez au téléphone, vous aurez probablement l'air un peu robotique. Si vous voulez savoir pourquoi Personas est mieux qu'un mème, essayez de trouver quelqu'un d'autre avec un Vision Pro à appeler - c'est pour cela que Personas a été conçu.

CRÉATION OU MODIFICATION D'UNE PERSONA

Si vous n'avez pas créé de Persona lors de l'installation ou si vous souhaitez le faire à nouveau, vous devrez aller dans vos paramètres pour le faire. Paramètres > Persona. À partir de là, vous pouvez soit modifier votre Persona, soit la recapturer.

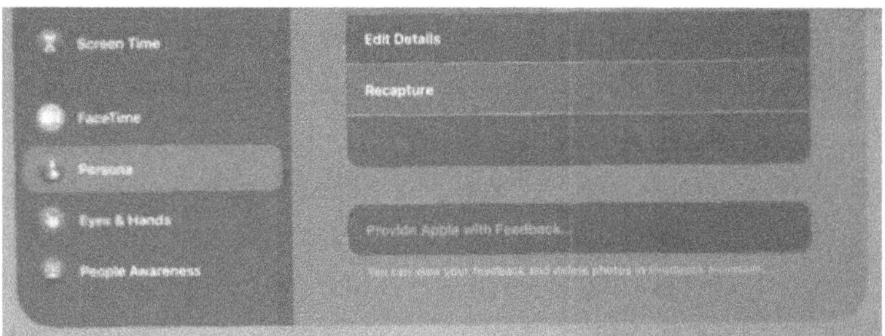

Lorsque vous modifiez une Persona (ou lorsque vous le faites pour la première fois), vous pouvez choisir l'éclairage de votre Persona.

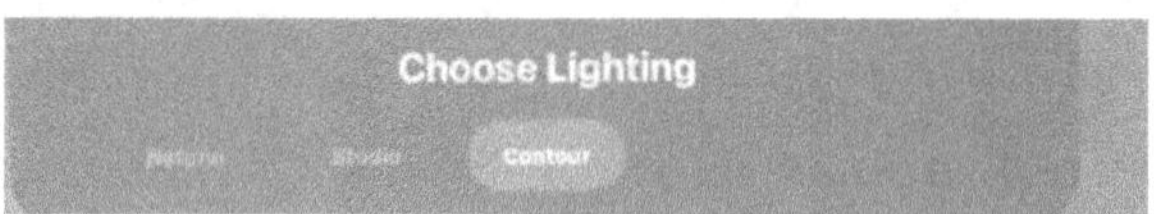

Vous pouvez également choisir la luminosité et la température de votre teint.

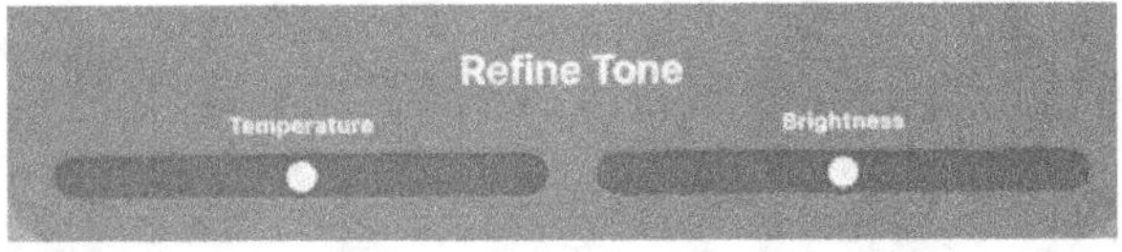

Enfin, vous pouvez choisir si vous avez des lunettes.

APP STORE

L'App Store n'est pas très différent de l'App Store de l'iPad. Voici ce qu'il faut savoir : lorsque vous recherchez une application, vous verrez automatiquement les applications nativement construites ; lorsque les résultats arrivent, vous pouvez appuyer sur les applications compatibles pour voir toutes les applications. Ainsi, si vous recherchez quelque chose comme Slack ou Outlook (ces deux applications ne sont actuellement pas disponibles en mode natif sur Vision Pro), vous devrez basculer vers les applications compatibles pour les trouver.

Pour acheter une application, vous pouvez utiliser votre mot de passe ou activer Optic ID-ce qui signifie que pour acheter quelque chose, il vous suffit de fixer l'écran pour qu'il confirme votre identité à l'aide d'un balayage oculaire.

APPLICATIONS COMPATIBLES

Applications compatibles avec Vision Pro, mais qui ne sont pas conçues pour Vision Pro (c'est-à-dire les applications iPad) apparaîtront dans cette section - cela inclut les applications Apple et les applications que vous téléchargez à partir de l'App Store..

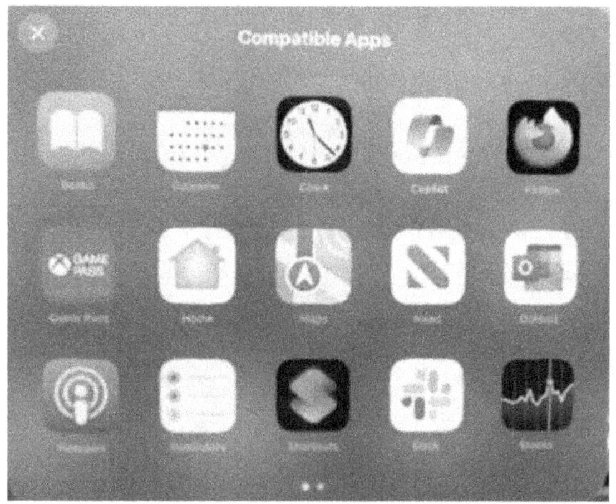

[5]
PRENDRE ET VISUALISER DES PHOTOS ET DES VIDÉOSS

PRENDRE DES VIDÉOS ET DES PHOTOS SPATIALESET DES PHOTOS AVEC VISION PRO

Prendre des vidéos avec votre Vision Pro n'est pas mauvaise, mais, à mon avis, elle n'est pas aussi bonne que celle que vous obtiendrez sur l'iPhone 15 Pro. La Vision Pro est plus adaptée à la visualisation du contenu qu'à sa capture. Mais si vous n'avez pas d'iPhone 15 Pro, alors, pour l'instant, le Vision Pro est votre seule option - mais ne soyez pas surpris si vous commencez à voir apparaître la capture Spacial sur l'iPad et même sur les iPhone les moins chers à l'avenir.

La capture de photos et de vidéos est simple ; il n'y a pas d'application Appareil photo à ouvrir comme sur n'importe quel autre appareil. Il suffit d'appuyer une fois sur le bouton supérieur.

Une fois que vous avez appuyé sur le bouton supérieur, l'appareil vous demande si vous souhaitez capturer une photo ou une vidéo spatiale.

Appuyez à nouveau sur le bouton du haut pour prendre la photo ou la vidéo ; si vous enregistrez une vidéo, vous pouvez soit appuyer sur le bouton du haut pour l'arrêter, soit appuyer sur le carré rouge d'arrêt.

Vous pourrez partager ces photos et vidéos avec n'importe qui, même avec des personnes qui n'ont pas de Vision Pro. Mais pour tous les autres, elles apparaîtront en 2D.

PRENDRE DES VIDÉOS ET DES PHOTOS SPATIALESET DES PHOTOS AVEC L'IPHONE 15 PRO

Si vous possédez un iPhone 15 Pro, vous avez peut-être déjà capturé des souvenirs améliorés pour Vision Pro sans le savoir ! Si ce n'est pas le cas, cette section vous montrera comment faire (désolé, mais cela ne concerne que les iPhone 15 Pro et Pro Max - les iPhone 15 ordinaires ne le feront pas... pas plus que les iPhone Pro antérieurs au 15).

CONFIGURER VOTRE IPHONE 15 PRO POUR LA VIDÉO SPATIALE MAGIE

Tout d'abord, préparons votre iPhone 15 Pro ou Pro Max pour ce voyage en 3D. Allez dans "Réglages > Appareil photo > Formats` et activez l'option "Vidéo spatiale pour Apple Vision Pro". Ce paramètre est votre billet d'or pour le monde de la 3D, et il est disponible pour les modèles d'iPhone 15 Pro fonctionnant sous iOS 17.2 ou une version ultérieure (il n'était pas disponible lorsque les téléphones sont sortis, alors assurez-vous de faire cette mise à jour si vous ne l'avez pas déjà fait).

ENREGISTREMENT DE VOTRE PREMIÈRE VIDÉO SPATIALE

Prêt à rouler ? Prenez votre iPhone 15 Pro et filmez :

1. **Lancer l'appareil photo App** : Ouvrez l'application Appareil photo et passez en mode vidéo. L'orientation paysage est votre amie ici. L'orientation portrait n'est pas une option.
2. **Activer la vidéo spatiale**: Recherchez le bouton Désactiver la vidéo spatiale et appuyez dessus. Vous êtes maintenant prêt à enregistrer en 3D !

3. **Capturez l'instant :** Appuyez sur la touche d'enregistrement ou sur l'une des touches de volume pour démarrer. Voici quelques conseils de pro pour une prise de vue parfaite :
    a. Veillez à ce que votre iPhone soit stable et de niveau.
    b. Placez vos sujets à une distance de 3 à 8 pieds.
    c. Veillez à ce que l'éclairage soit clair et uniforme.
4. **Terminer :** Appuyez à nouveau sur le bouton Enregistrer ou appuyez sur un bouton de volume pour arrêter. Pour quitter le mode vidéo spatiale, il suffit d'appuyer sur le bouton Vidéo spatiale On.

VISUALISATION ET PARTAGE DE VOS CRÉATIONS 3D

Assurez-vous d'être connecté avec votre identifiant Apple et d'avoir activé iCloud Photos est activé pour une synchronisation transparente entre les appareils.

QUELQUES MOTS SUR LES SPÉCIFICATIONS

N'oubliez pas que les vidéos spatiales de l'iPhone 15 Pro et Pro Max sont filmées en 1080p à 30 images par seconde. Chaque minute de ces images 3D occupe environ 130 Mo d'espace, alors prévoyez votre espace de stockage en conséquence. Ce récital de chant choral pourrait finir par occuper plus de 4 Go sur votre téléphone !

VISUALISATION DES PHOTOS

L'application Photos est optimisée pour Vision Pro, mais d'une certaine manière, c'est aussi une application inférieure à celle que l'on trouve sur l'iPhone et l'iPad ; l'application Photos sert à visualiser les photos, pas à les modifier. Elle est organisée d'une manière très familière, mais elle rappelle aussi que le Vision Pro est un appareil qui permet de voir du contenu, et non de le modifier.

L'application comporte trois zones principales. La première, à droite, est la zone de visualisation principale où apparaissent toutes les vignettes ; à côté se trouve le sous-menu qui est basé sur le menu que vous avez sélectionné.

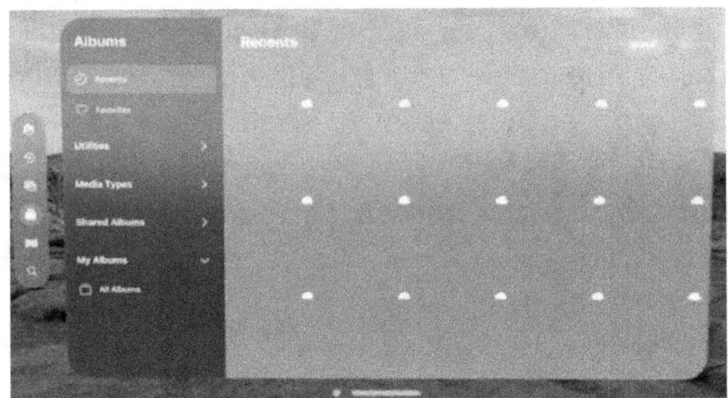

Enfin, sur votre droite se trouve le menu principal, qui affiche : Spacial (où s'affichent toutes les vues spatiales prises sur votre iPhone ou sur le Vision Pro), Mémoires (que vous pouvez créer ou qu'Apple créera pour vous), Bibliothèque (toutes les photos), AlbumsPanoramas et Recherche.

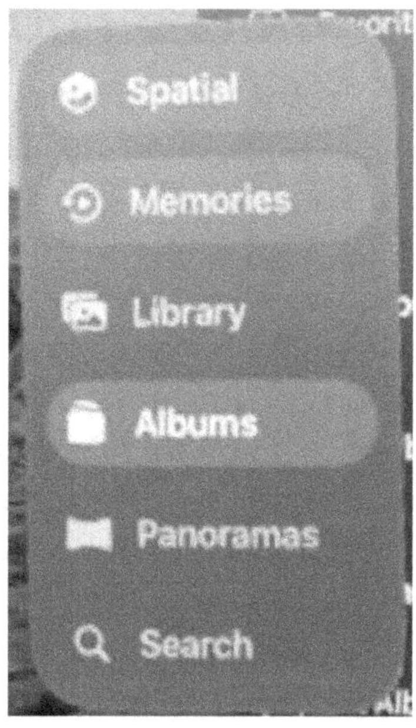

Si vous n'avez pas essayé la recherche depuis un certain temps, cela vaut la peine d'y jeter un coup d'œil. Ne pensez pas qu'il s'agit d'une recherche de titres de fichiers ; c'est du passé ! La recherche d'aujourd'hui vous permet de rechercher ce qui se trouve dans les photos. Ainsi, vous pouvez dire "chien blanc" et la recherche est capable de comprendre ce que vous venez de dire et d'analyser vos photos à la recherche de tout ce qui ressemble à un chien blanc.

Lorsque vous visualisez votre photo, vous pouvez la partager et la voir, mais c'est à peu près tout.

Le fait de pincer et de glisser vous permet de voir les photos à gauche et à droite, mais, là encore, il n'y a pas d'option permettant de modifier une photo.

Outre les vidéos Spacial (qui, si vous n'avez pas d'iPhone 15 Pro, seront probablement vides), le meilleur de l'application, ce sont les Panoramas ; et l'avantage des Panoramas, c'est qu'ils peuvent être pris avec n'importe quel téléphone - vous en avez donc peut-être quelques-uns dans votre bibliothèque.

Lorsque vous visualisez un panorama sur le Vision Pro, il ressemble à une longue photo. Mais jetez un coup d'œil à l'icône dans le coin supérieur droit : elle ressemble à une boîte rectangulaire qui est comprimée.

Cela transforme votre photo en une photo immersive à 180 degrés ; vous ne pouvez pas le voir ci-dessous, mais dans le casque, je pourrais tourner à gauche et à droite pour voir la photo en HD très nette.

La visualisation des photos et des vidéos de Spacial est un processus similaire ; la vue normale est en 3D, mais pas immersive ; en appuyant sur l'icône du coin, vos photos et vos vidéos de Spacial deviendront une expérience immersive. Mais attention ! Les vidéos spaciales peuvent provoquer le mal des transports ! Si vous regardez ce type de contenu, assurez-vous qu'il n'y a pas beaucoup de mouvements dans la scène. J'ai filmé mes chiens en train de jouer et j'ai failli tomber lorsque j'ai activé le mode immersif !

[6]

PARAMÈTRES

Maintenant que vous connaissez le fonctionnement de Vision Pro, nous allons nous pencher sur les paramètres, où vous pourrez voir comment configurer les choses.

L'application Réglages est presque identique à celle de l'iPad : un panneau de navigation à gauche avec les réglages de chaque catégorie à droite. Mais ne vous laissez pas tromper par l'apparence, car il y a beaucoup de paramètres que vous ne trouverez que sur Vision OS. Je vais maintenant passer en revue chaque zone.

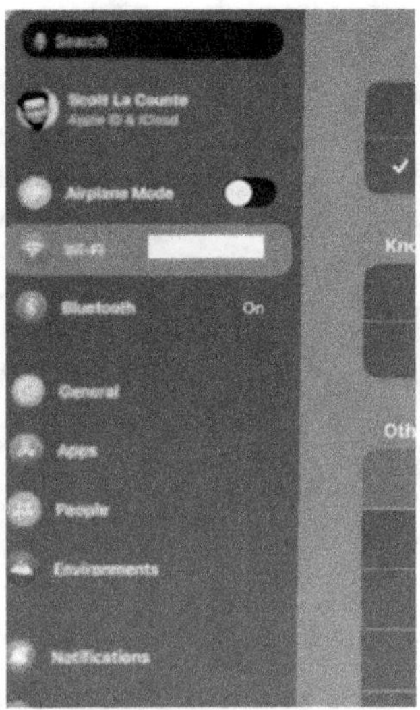

Wi-Fi

Chaque fois que vous souhaitez modifier le réseau sans fil sur lequel se trouve votre Vision Pro, vous accéderez à cette page. Il se souvient des mots de passe, de sorte que si vous vous rendez dans un endroit où vous êtes déjà allé, il se connectera automatiquement si le wi-fi est le même.

Bluetooth

Et si vous voulez utiliser un contrôleur ? Clavier? Trackpad ? Ou un autre périphérique Bluetooth pris en charge ? Vous pouvez le faire dans Bluetooth. La plupart des contrôleurs et des claviers sont pris en charge, mais le meilleur trackpad est celui d'Apple. Lorsque vous utilisez un trackpad, un petit cercle transparent apparaît sur votre écran.

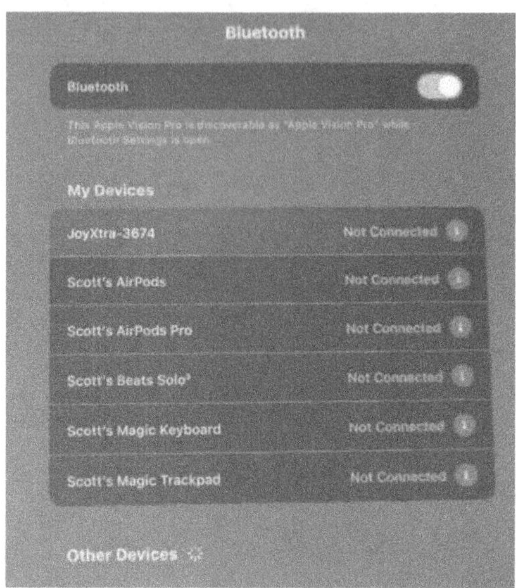

GÉNÉRAL

Certains des paramètres les plus importants se trouvent dans la rubrique Général. Vous pouvez également effectuer des mises à jour logicielles, modifier l'apparence du clavier, régler l'heure, changer la langue, ajouter un VPN, réinitialiser votre Vision Pro et l'éteindre.

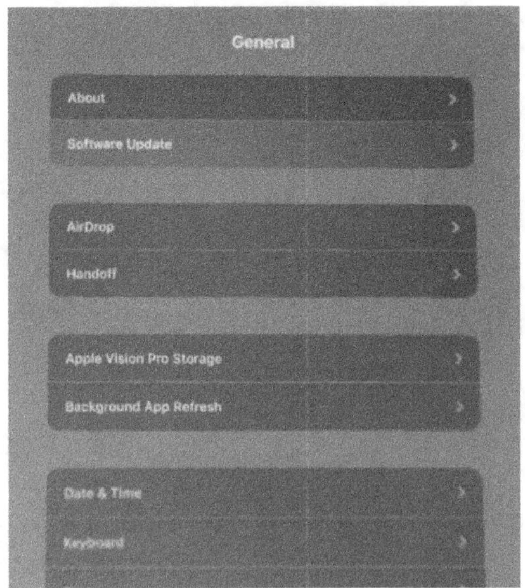

APPLICATIONS

Comme son nom l'indique, Apps est l'endroit où vous trouverez une liste de toutes vos applications, mais c'est aussi l'endroit où vous pourrez modifier les paramètres de vos applications. Lorsque vous appuyez sur une application, vous voyez apparaître des éléments supplémentaires que vous pouvez ajouter ou modifier.

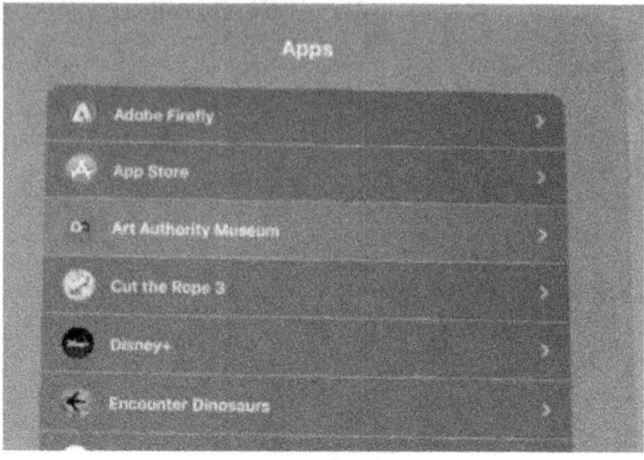

LES PERSONNES

Personnes vous permet de régler l'affichage des noms ; il vous permet également d'ajouter des personnes à votre liste de personnes bloquées, afin qu'elles ne puissent pas vous contacter.

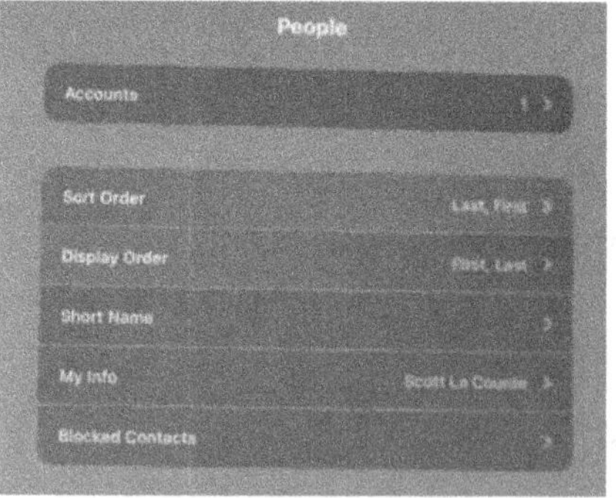

ENVIRONNEMENTS

Environnements vous permet de choisir si un environnement est clair, sombre ou s'il change automatiquement en fonction de l'endroit où vous vous trouvez. Le volume ci-dessous ne concerne pas le son normal, mais le son ambiant diffusé dans l'environnement. Ainsi, si vous êtes à la plage, vous entendrez les vagues en arrière-plan, mais vous pourrez régler leur intensité.

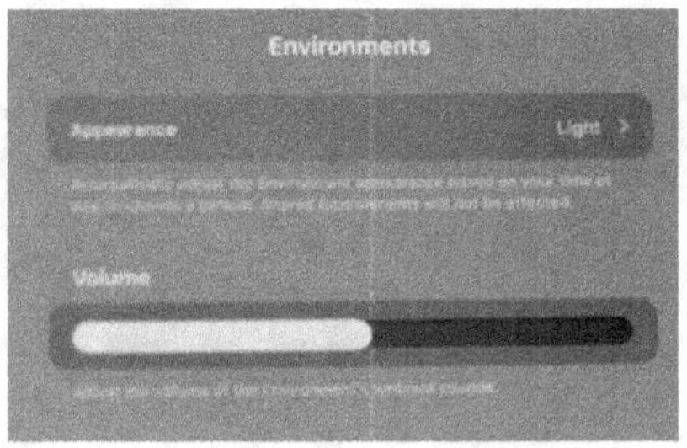

NOTIFICATIONS

Notifications vous permet de régler les types de notifications que vous recevez des applications. Par exemple, si vous téléchargez l'application NBA, mais que vous ne voulez pas recevoir de notifications, vous pouvez les désactiver ou, si vous voulez les recevoir, choisir leur mode d'affichage.

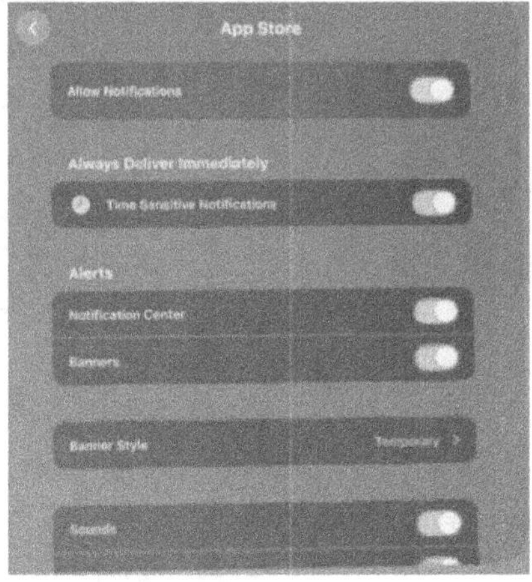

SONS

Sons vous permet de régler le son diffusé sur votre appareil.

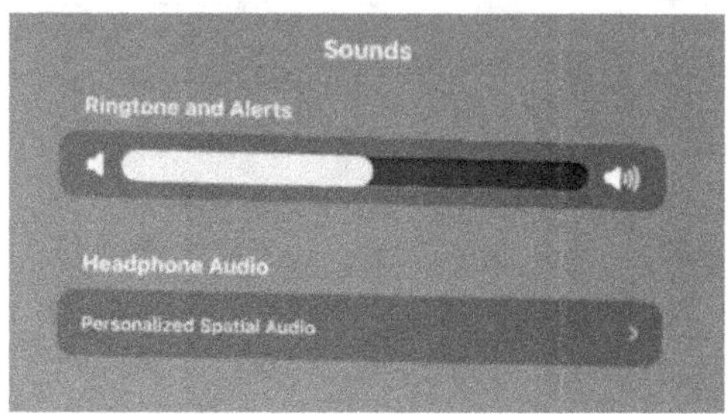

FOCUS

Focus vous permet de modifier les alertes qui s'affichent ; par exemple, vous pouvez définir un mode dans lequel vous ne recevrez pas de notifications par courriel ou par texte, mais vous recevrez quand même les appels téléphoniques des membres de votre famille ; ou vous pouvez tout mettre en sourdine.

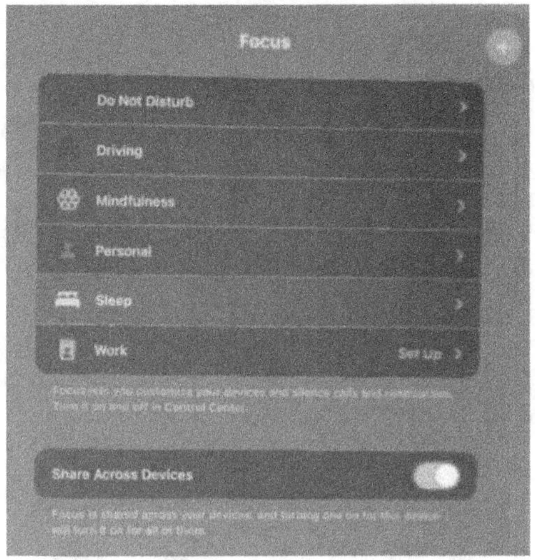

TEMPS D'ÉCRAN

Si vous avez un Vision Pro, vous aimez probablement consommer des divertissements, et vous passerez directement sur celui-ci ! En gros, il sert à définir différentes restrictions : vous ne pouvez jouer à des jeux qu'un certain nombre d'heures ou vous ne pouvez regarder que des films classés PG-13.

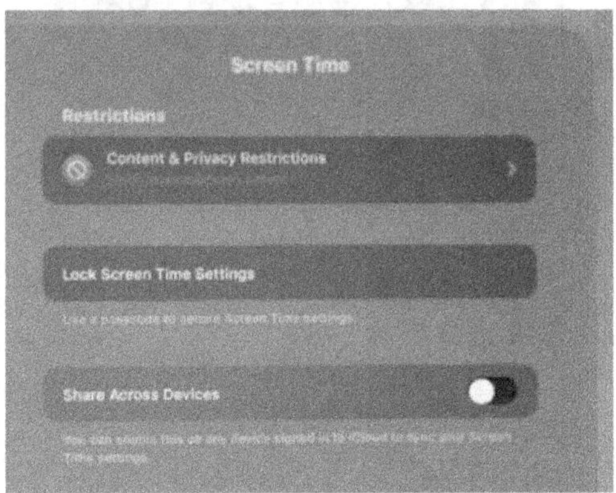

FACETIME

FaceTime est assez basique en termes de paramètres ; vous pouvez activer Siri et la recherche, et activer ou désactiver FaceTime ; vous pouvez ajouter différents courriels et numéros de téléphone, ce qui se fait dans les cases du bas (non montrées dans l'illustration ci-dessous).

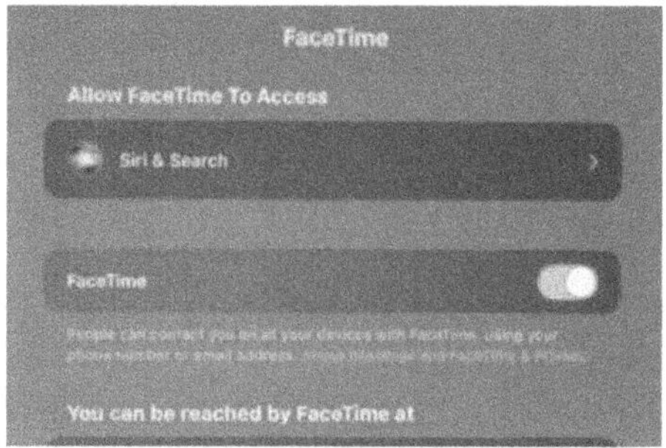

PERSONA

Persona est l'endroit où vous pouvez effectuer des modifications ou récupérer votre Persona ; il a été abordé dans un chapitre précédent.

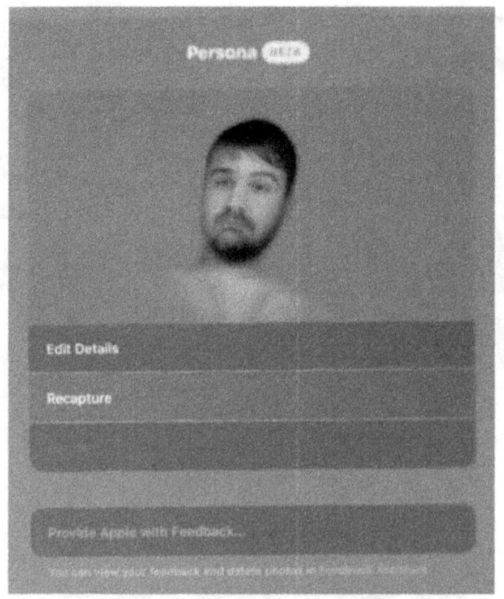

YEUX ET MAINS

Si le suivi manuel et oculaire ne semble pas fonctionner, la première chose à faire est de nettoyer vos lentilles avec le tissu fourni par Apple avec votre Vision Pro. Vous pouvez également régler la lumière. Si cela ne fonctionne pas, vous pouvez accéder à ce réglage et refaire le suivi. Vous pouvez également essayer de redémarrer votre appareil. Le suivi de la Vision Pro est incroyable, mais il est parfois un peu bogué, par exemple lorsque vous ne pouvez pas sélectionner les coins ou les petits boutons.

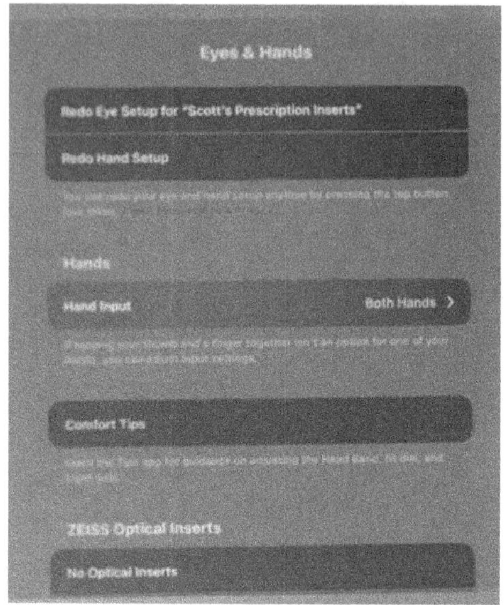

SENSIBILISATION DES PERSONNES

Lorsque des personnes s'approchent de vous alors que vous portez le casque, votre environnement disparaît et vous pouvez les voir. Je pense que c'est plutôt cool et que cela m'aide à ne pas disparaître complètement du monde ; mais si vous préférez ne voir personne, vous pouvez désactiver la conscience des gens dans ce paramètre. Vous pouvez également choisir de voir les gens lorsque vous regardez quelque chose d'immersif ou seulement si vous avez ouvert un environnement.

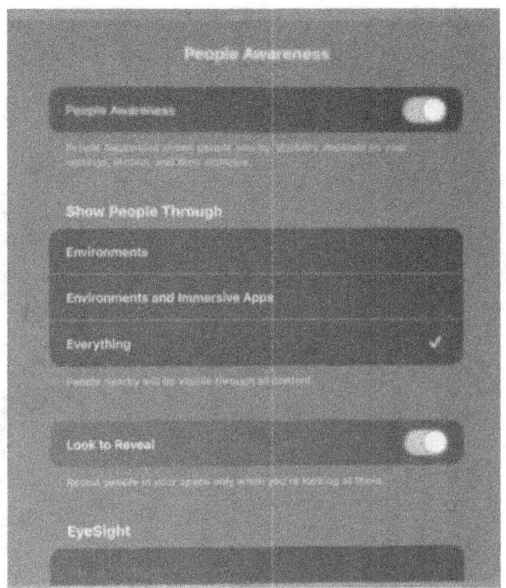

ACCESSIBILITÉ

Après le paramètre Général, le paramètre Accessibilité est le plus complet. Vous pouvez y réduire les mouvements, ajouter une aide auditive, agrandir le texte et bien d'autres choses encore.

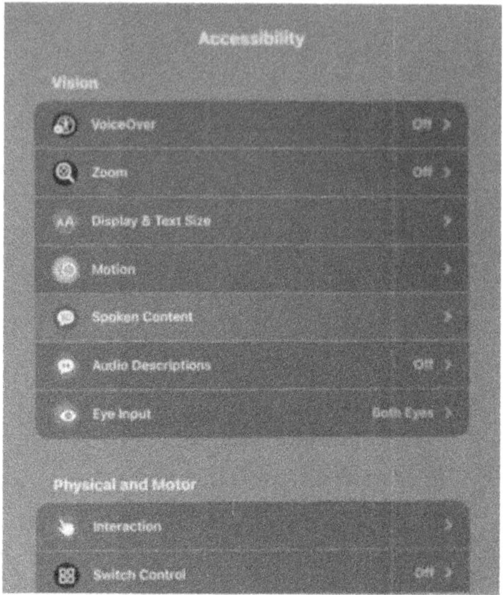

CENTRE DE CONTRÔLE

Si vous n'avez jamais personnalisé votre centre d'assistance, vous devriez y réfléchir. Lorsque vous accédez aux paramètres du Centre de contrôle vous pouvez ajouter ou supprimer des raccourcis qui apparaissent en appuyant sur l'icône + ou - située à côté du raccourci. Dans VisionOS, vous pouvez également ajuster la position de l'icône ; si vous souhaitez que l'icône apparaisse plus haut ou plus bas, vous pouvez déplacer le curseur pour trouver la meilleure position.

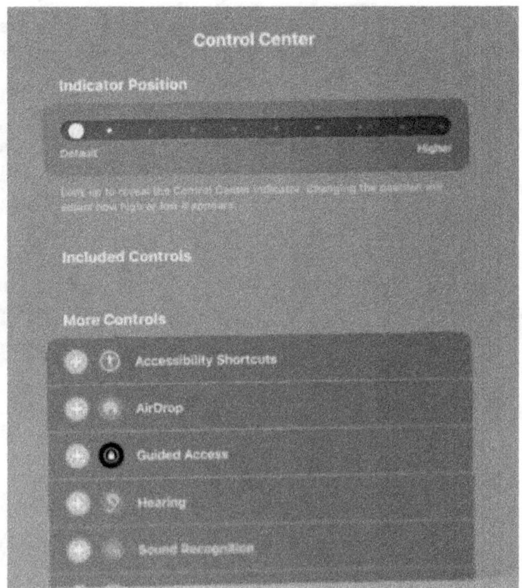

SIRI & RECHERCHE

Si vous souhaitez modifier le mode d'activation de Siri est activé, le son de la voix et bien plus encore, vous pouvez le faire dans ce paramètre.

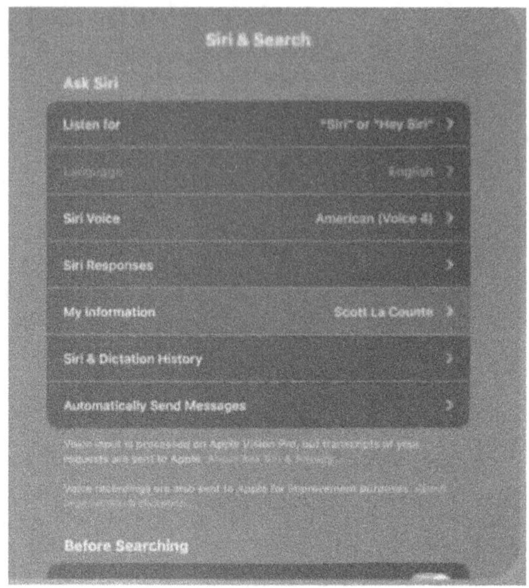

VIE PRIVÉE & SÉCURITÉ

Vos applications suivent différentes choses ; elles peuvent suivre votre position, par exemple ; vous pouvez activer ou désactiver cette fonction ici. Mais attention : désactiver le suivi peut modifier le comportement de l'application ; une application météo, par exemple, a besoin de savoir où vous êtes pour vous indiquer le temps qu'il fait à l'endroit où vous vous trouvez.

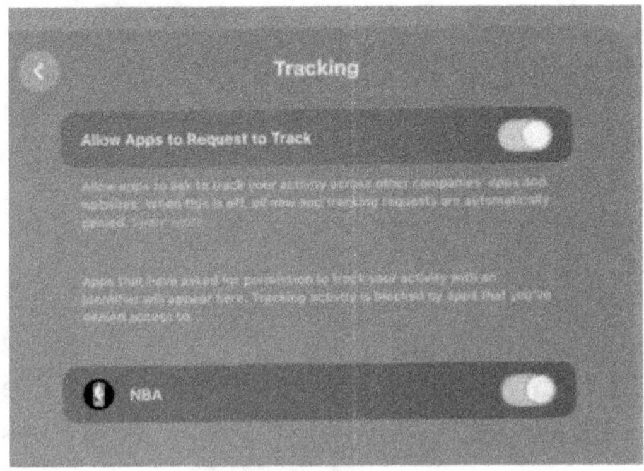

AFFICHAGE

Si les choses semblent trop grandes ou trop petites, ou trop claires ou trop sombres, vous pouvez les ajuster.

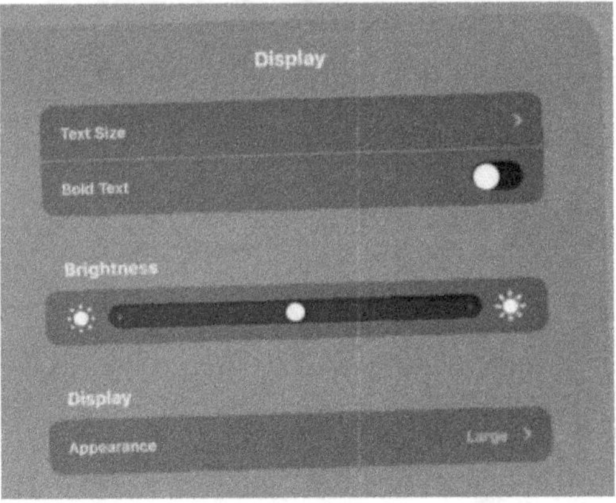

BATTERIE

La section consacrée à la batterie est très basique ; il s'agit simplement d'un bouton qui vous permet d'activer et de désactiver le pourcentage de la batterie.

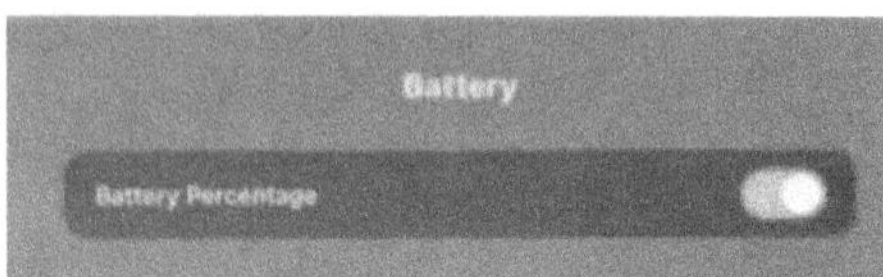

STOCKAGE

L'option Stockage permet de visualiser l'utilisation de l'espace disponible. Vous ne pouvez pas faire grand-chose pour certaines choses ; par exemple, visionOS et les données système ne peuvent pas être réduites. D'autres éléments peuvent être déchargés ou supprimés pour économiser de l'espace.

En défilant vers le bas, vous pouvez voir la quantité d'espace utilisée par chaque application en particulier ; certaines applications occupent plusieurs Go.

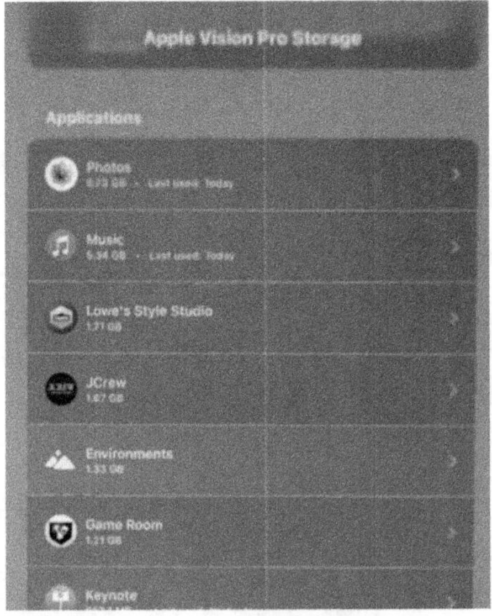

IDENTIFIANT OPTIQUE & CODE D'ACCÈS

Le paiement et l'utilisation du mot de passe sont un peu différents sur Vision Pro ; contrairement à d'autres appareils où vous pouvez utiliser votre empreinte digitale ou votre visage, Vision Pro utilise vos yeux. Si vous préférez faire certaines choses à l'ancienne en tapant votre mot de passe, vous pouvez changer l'endroit où il est utilisé ici.

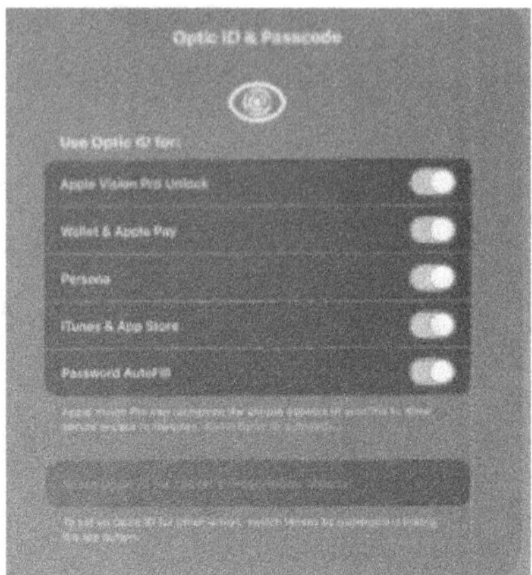

Mots de passe

Dans la section des mots de passe, vous verrez les recommandations et les mots de passe utilisés. Ainsi, si vous ne vous souvenez plus du mot de passe que vous avez utilisé pour un site web spécifique, vous pouvez aller le voir ici.

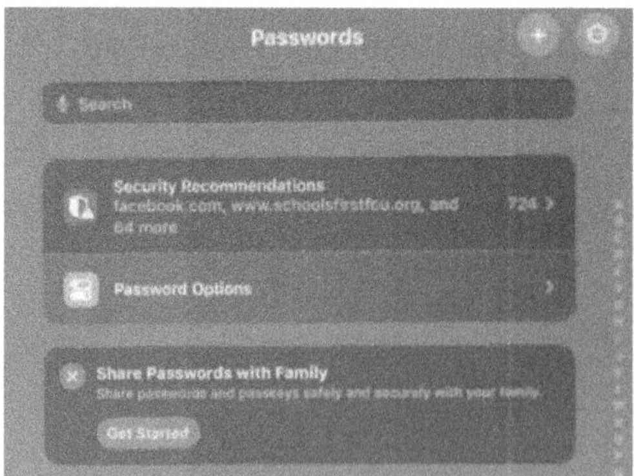

Centre de jeux

Le Centre de jeux est utilisé pour jouer à des jeux contre des amis ou d'autres utilisateurs ; il vous permet également de suivre les réussites des jeux. Cette section vous permet de l'activer, de voir votre nom d'utilisateur et d'inviter d'autres personnes à vous voir.

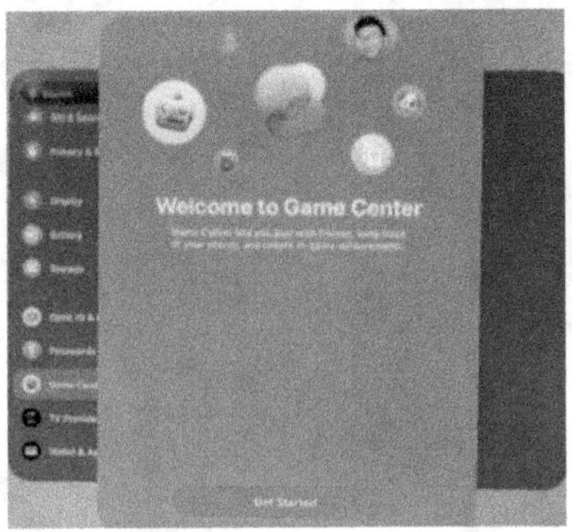

TV FOURNISSEUR

Si vous êtes abonné au câble pour la télévision-vous pouvez vous connecter à votre fournisseur dans cette section ; cela vous permet de regarder certaines applications sans abonnement.

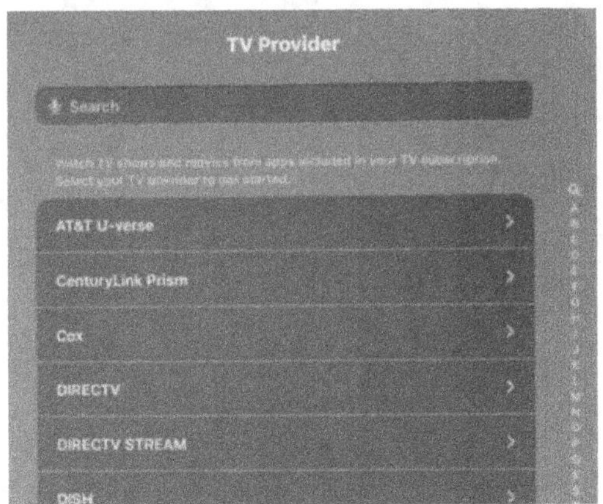

PORTEFEUILLE ET APPLE PAY

Wallet est l'endroit où tous vos paiements sont stockés et où vous vous rendez si vous souhaitez ajouter une nouvelle carte de crédit ; vous pouvez également activer et désactiver Apple Cash ici.

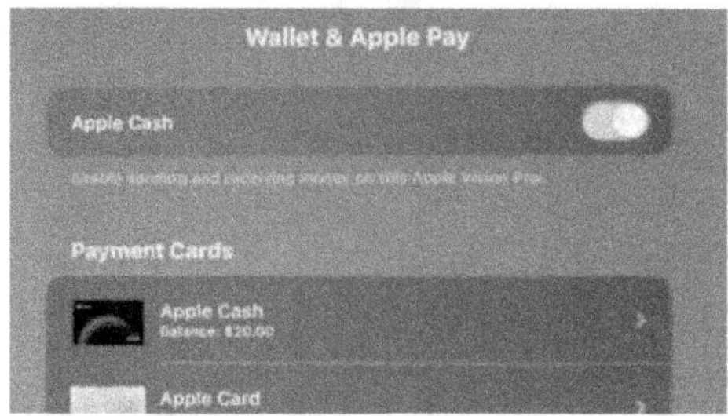

ANNEXE A : PROTÉGER LA VISION POUR

Parlons de la sécurité de votre nouveau Vision Pro en toute sécurité. Vous avez probablement entendu parler de l'AppleCare+, et pour le Vision Pro, c'est une option que vous pourriez envisager sérieusement. Voici un aperçu de ce qu'il offre et des raisons pour lesquelles il pourrait vous sauver la vie.

LA VISION GARANTIE PRO

Dès le départ, votre Apple Vision Pro bénéficie d'une garantie matérielle d'un an et d'une assistance technique gratuite pendant 90 jours. C'est très bien, mais si vous recherchez une couverture plus complète, AppleCare+.

APPLECARE+

Vous pouvez opter pour une couverture de deux ans à 499 $ ou pour un forfait mensuel à 24,99 $, qui reste en vigueur jusqu'à ce que vous décidiez de l'annuler.

Voici ce que vous obtenez avec AppleCare+ :

- **Couverture des dommages accidentels** : Nous sommes tous passés par là - un accident peut arriver. Avec AppleCare+, vous bénéficiez d'une protection illimitée contre les dommages accidentels, bien que chaque incident entraîne des frais de service. Il s'agit d'un filet de sécurité pour les moments difficiles.
- **Service de remplacement express** : Personne n'aime être privé de sa technologie. Grâce à ce service, un appareil de remplacement vous est expédié et vous n'êtes pas laissé en plan pendant que le vôtre est réparé.
- **Accès à des experts 24 heures sur 24, 7 jours sur 7** : Vous avez une question à 2 heures du matin ? Pas de problème. AppleCare+ vous donne accès à des experts Apple 24 heures sur 24, 7 jours sur 7.
- **Couverture complète du matériel** : Cette couverture comprend votre Vision Pro, la batterie et même le câble inclus.

Pourquoi envisager l'AppleCare+ ?

Je suis sûr que vous vous êtes déjà senti un peu... arnaqué... par une garantie. L'AppleCare+ est-il une escroquerie ? Certainement pas. C'est la tranquillité d'esprit. Avec un peu de chance, vous n'en aurez jamais besoin, mais sans elle, une simple vitre de protection fissurée pourrait vous coûter environ 799 $, et d'autres réparations pourraient s'élever à 2 399 $. C'est dire si la facture est salée ! Avec AppleCare+, ces coûts sont considérablement réduits. Par exemple, les autres dommages accidentels sont couverts pour 299 $ par incident.

OBTENIR APPLECARE+

Comment obtenir AppleCare+ ? Il y a deux façons de procéder :

- **Achetez au moment de l'achat** : Le moyen le plus simple est de le saisir lors de l'achat de votre Vision Pro.
- **Fenêtre de 60 jours** : Vous l'avez oublié au moment de passer à la caisse ? Ne vous inquiétez pas. Vous disposez de 60 jours à compter de l'achat de votre appareil pour obtenir AppleCare+ par le biais du menu des réglages ou dans un Apple Store.

AppleCare+ pour votre Vision Pro, c'est comme avoir un fidèle acolyte, prêt à intervenir en cas de problème. Que vous optiez pour un contrat de deux ans ou pour un abonnement mensuel, c'est un investissement dans la tranquillité d'esprit.

ANNEXE B : ACCESSOIRES

La Vision Pro n'est pas l'appareil le plus cher d'Apple ; cet honneur revient aux Apple Watches originales en or - vous vous en souvenez ? Peu de gens s'en souviennent ! Mais elles ne dépassaient pas les 17 000 dollars. Pourtant, après avoir dépensé plus de 3 500 dollars pour le casque, vous devrez envisager d'acheter encore plus de choses chez Apple (sans compter les 499 dollars pour Apple Care+).

Je ne mentionne pas ici les inserts optiques ZEISS, car je ne les qualifierais pas vraiment d'accessoires facultatifs - si vous portez des lunettes de vue, vous en aurez besoin.

VISION APPLE PRO TRAVEL MALLETTE

La première chose à envisager est un étui. De nombreuses sociétés tierces fabriqueront des étuis (Spigen a été l'une des premières à le faire ; ils en proposent un très joli pour un peu moins de 100 $) pour le Vision Pro au cours des prochains mois et des prochaines années, mais si vous voulez l'étui officiel d'Apple, il vous coûtera 199 $.

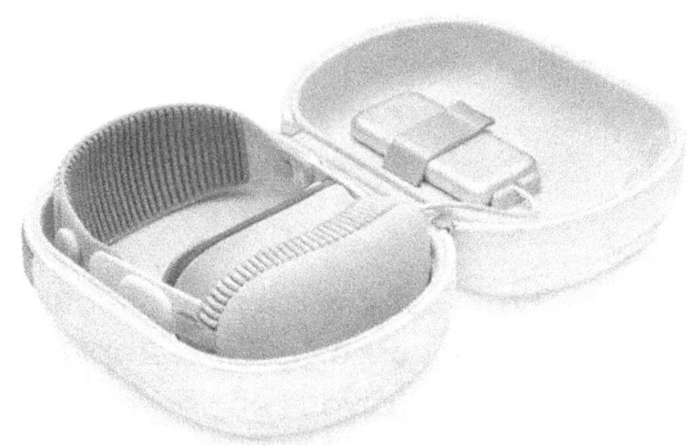

Il s'agit d'un "étui de voyage", mais en réalité, vous voudrez probablement l'utiliser tous les jours. Il s'agit d'un casque assez résistant, mais la plupart des gens ne se sentiront probablement pas à l'aise de le jeter sur leur canapé ou leur bureau et de s'en aller.

BATTERIE BELKIN SUPPORT DE BATTERIE POUR APPLE VISION PRO

Il n'y a actuellement qu'une seule société tierce (en dehors de ZEISS) avec laquelle Apple a conclu un partenariat pour les accessoires : Belkin. La batterie de la Vision Ce n'est pas qu'Apple cache le fait qu'il en faut un, mais elle sait probablement que c'est beaucoup plus intéressant quand on n'a pas quelque chose qui pendouille à côté de soi. Vous pouvez évidemment le mettre dans votre poche ou le poser à côté de vous, mais pour 49 $, Belkin a créé un support pour le Battery afin que vous puissiez l'accrocher à vous.

En avez-vous besoin ? Cela dépend vraiment de l'utilisation que vous ferez du Vision Pro. Si vous êtes assis à votre bureau, le cordon est suffisamment long pour que vous puissiez le poser sans problème ; il en va de même si vous regardez un film. Les choses peuvent se compliquer si vous faites de la musculation ou si vous vous déplacez, surtout si vous portez un vêtement qui n'a pas de poches. Si vous ne voulez pas dépenser 49 dollars, vous trouverez probablement des solutions très bon marché auprès d'autres sociétés tierces.

APPLE VISION BATTERIE PRO

Il est possible d'acheter des suppléments de presque toutes les pièces du Vision Pro. En avez-vous besoin ? Si vous partagez l'appareil avec des membres de votre famille et que leur tête est plus grande, cela peut être un bon investissement. Mais pour la plupart des gens, la réponse est non. En revanche, certaines personnes pourraient vouloir acheter une batterie supplémentaire pour 199 dollars.

Le Vision Pro dure environ 2 heures en utilisation normale. Si vous prenez l'avion, ce n'est probablement pas suffisant. Mais, et c'est un mais important, vous pouvez charger la batterie pendant que vous l'utilisez. Vous pouvez également charger le bloc-batterie à l'aide d'un bloc-batterie USB-C pendant que vous l'utilisez. Un pack de batterie supplémentaire pourrait être plus pratique pour certaines personnes, mais il y a de nombreuses façons de continuer à utiliser votre Vision Pro sans lui.

CLAVIER MAGIQUE

Le Vision Pro dispose d'un clavier intégré à l'écran. Il dispose également d'une fonction de dictée très facile à utiliser. Il faut un peu de temps pour s'habituer au clavier, mais il est assez intuitif une fois que l'on a pris le coup de main. Néanmoins, si vous prévoyez d'utiliser votre Vision Pro en même temps que votre Mac pour travailler, un clavier sera très utile. La solution officielle d'Apple est le Magic Keyboard au prix de 99 $. Cependant, vous pouvez techniquement utiliser la plupart des claviers Bluetooth.

Vous pouvez également coupler le Vision Pro avec des trackpads et des souris. Faut-il le faire ? Encore une fois, tout dépend du confort et de la façon dont vous utilisez le Vision Pro. Si vous privilégiez la productivité et la conception graphique, c'est possible. Le trackpad officiel d'Apple coûte 129 dollars, mais vous pouvez utiliser à peu près n'importe quelle souris Bluetooth que vous avez sur votre bureau. Cela dit, le suivi oculaire est de loin supérieur à la saisie à l'écran, c'est pourquoi vous pouvez l'essayer avant de dépenser de l'argent pour une souris.

Personnellement, j'ai une souris et un clavier Apple, et j'ai acheté un plateau en acrylique (environ 30 $ sur Amazon) pour les mettre dedans ; ainsi, lorsque j'utilise mon Vision Pro pour le travail, j'ai le clavier et la souris sur mes genoux (voir l'image ci-dessous).

AIRPODS PRO (2E GÉNÉRATION)

La Vision Le son des AirPods Pro va probablement vous époustoufler, mais aussi ennuyer la personne assise à côté de vous, qui ne peut pas voir ce

que vous voyez ! Si vous êtes entouré d'autres personnes et que vous avez besoin d'un son, les Air-
Pods Pro sont un bon investissement (la 2e génération est également dotée d'un système de chargement USB-C). Vous pouvez techniquement utiliser
n'importe quelle oreillette Bluetooth, mais seuls les
AirPods Pro offrent un son spatial.

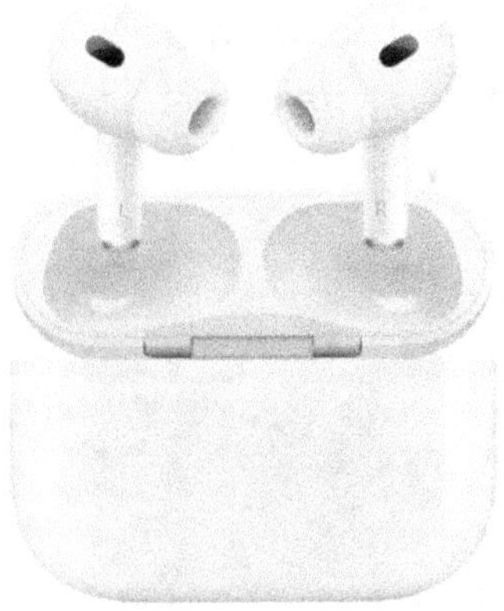

CONTRÔLEUR SANS FIL SONY PLAYSTATION® DUALSENSE™

La dernière chose que vous voudrez peut-être
acheter est une manette de jeu. Apple fait la pro-
motion de la manette Sony (69,95 $) sur l'applica-
tion Apple Store, mais la plupart des manettes de
jeu feront parfaitement l'affaire.

Tout ce qui se trouve sur le Vision Pro fonctionnera sans manette, mais certains jeux fonctionneront mieux si vous en avez une.

INDEX

A PROPOS DE L'AUTEUR

Scott La Counte est concepteur UX et écrivain. Son premier livre, *Quiet, Please : Dispatches from a Public Librarian* (Da Capo 2008) a été le choix du rédacteur en chef du Chicago Tribune et un titre de découverte du Los Angeles Times.

Il a rédigé des dizaines de guides pratiques sur les produits technologiques, qui sont des best-sellers.

Il enseigne le design UX à l'Université de Californie à Berkeley.

Vous pouvez le contacter à l'adresse ScottDouglas.org.